Death by Amazon

Death
by
Amazon
CONTENTS

目录

第 4 章　实体店存活的关键

——购物体验

第 5 章　亚马逊极大降低购物门槛

Death by Amazon

第 1 章

什么是“亚马逊死亡指数”

因“帝国扩张”被逼入绝境的企业

“不同于其他企业，亚马逊基本甚至完全不向州政府和当地政府纳税，却利用我们的邮政系统，将其变成他们的快递员，导致大量零售商破产。”2018 年 3 月，美国总统特朗普在推特上发文指责亚马逊。

批评的内容是否恰当暂且不论，销售额高达 1778 亿美元的巨型企业崛起确实迫使很多企业面临生死考验，这是不争的事实。亚马逊崛起挤压某些企业的生存空间，本书书名“*Death by Amazon*（亚马逊死亡指数）”就是一项反映这类企业股票情况的指数，2012 年美国的投资信息公司贝斯波克投资集团（Bespoke Investment Group）创建了该指数，中文译作“亚马逊死亡指数”。

该指数由 54 家因亚马逊的快速发展而受到冲击的零售型企业构成，比如其中包括被亚马逊 CEO 杰夫 · 贝佐斯（Jeff Bezos）视为劲敌的全球第一大零售企业沃尔玛、大型连锁书店巴诺书店（Barnes & Noble）、在日本也有店面的大型会员制仓储量贩超市好市多（Costco），以及杰西潘尼（J.C.Penney）、梅西百货（Macy's）、诺德斯特龙（Nordstrom）等百货公司，以塔吉特（Target）为代表的折扣店，服装、体育用品商店（表 1-1）。

这些企业的共同点在于大部分收益来自实体店，且所出售商品并非自有品牌，以其他品牌的商品为主。

正如“亚马逊恐惧企业指数”的字面意思所示，亚马逊的股票上涨时该类企业的股票会同比例下跌，每当传出亚马逊开拓新业务或收购其他企业的消息时，其股票价格将出现剧烈波动。

例如，2017 年 6 月，亚马逊发布消息称收购高端有机食品超市全食超市（Whole Foods Market Inc.）时，沃尔玛的股票市值一日内蒸发了 170 亿美元，拥有 2800 家连锁店的大型超市克罗格（Kroger）的股票也下跌了 26%。众多与全食超市存在竞争关系的超市、小型连锁店的股价暴跌，亚马逊恐惧企业指数所包含企业的市值共计蒸发了 320 亿美元。

同样的，2017 年 6 月，大型体育用品公司耐克（Nike）发布消息称将与亚马逊合作，在亚马逊上进行耐克直销时，耐克最大销售商 Dick's Sporting Goods 以及 Foot Locker 等公司的股票暴跌，分别创下近 18 个月来最低和近三年来最低。

由于近年来与安德玛（Under Armour）等对手的竞争加剧，耐克的销售数据呈下滑态势，在发布与亚马逊合作的消息之前，耐克宣布裁员一千多人。可以说，连耐克这样拥有强大品牌力的企业，不与亚马逊合作都难以生存下去。亚马逊也将逐渐改变耐克这类制造型企业的消费者战略。

表 1-1　亚马逊死亡指数中的企业

序号	行业种类	企业名称
1	大型量贩店	Wal-Mart Stores, Inc.
2	会员制大型量贩店	Costco Wholesale Corporation
3	百货商店	Dillard's, Inc.
4	百货商店	Sears Holdings Corp
5	百货商店	JC Penny Company Inc
6	百货商店	Ross Stores, Inc.
7	百货商店	Kohl's Corp.
8	百货商店	Macy's Inc
9	百货商店	Nordstorm, Inc.
10	超市	Kroger Co（The）
11	超市	Smart & Final Stores Inc
12	超市	Supervalu Inc.
13	折扣店	Big Lots, Inc.
14	折扣店	Target Corp
15	折扣店	Dollar Tree, Inc.
16	折扣店	Dollar General Corp.
17	折扣店	Five Below Inc
18	折扣店	TJX Companies, Inc.
19	折扣店	Tuesday Morning Corp.
20	会员制折扣店	Price Smart Inc
21	药店	Rite Aid Corp
22	药店	CVS Health Corp
23	药店	Walgreens Boots Alliance Inc
24	药店	Vitamin Shoppe Inc
25	营养保健品	GNC Holdings Inc

续表

序号	行业种类	企业名称
26	对话型多渠道零售	HSN Inc.
27	服饰销售	Stage Stores Inc.
28	服饰销售	Stein Mart, Inc.
29	服饰销售	Francesca's Holdings Corp
30	服饰销售	Burlington Sotres Inc
31	服饰销售	Buckle Inc
32	服饰销售	Ascena Retail Group Inc
33	鞋、服饰销售	Finish Line, Inc
34	鞋、饰品销售	DSW Inc
35	鞋、服饰的制造、销售	Foot Locker, Inc.
36	鞋、服饰的制造、销售	Genesco Inc.
37	体育用品销售	Big 5 Sporting Goods Corporation
38	体育用品销售	Hibbett Sports Inc
39	体育用品销售	Zumiez Inc
40	体育用品销售	Dicks Sporting Goods Inc
41	户外用品销售	Cabelas Inc
42	室内小商品销售	Kirkland's Inc
43	厨房用品、室内用品销售	Williams Sonoma Inc
44	日用品销售	Bed Bath & Beyond Inc.
45	日用品销售	Fred's Inc.
46	家电销售	Haverty Furniture Cos., Inc.
47	家电销售	Best Buy Co Inc
48	家具、家电销售	Conn's Inc
49	家具、家电出租	Aaron's Inc.
50	工艺品零售	Michaels Companies Inc
51	书店	Barnes & Noble, Inc.

续表

序号	行业种类	企业名称
52	游戏软件销售	Game Stop Corp
53	办公室用品	Office Depot, Inc.
54	办公室用品	Staples Inc

新闻报道足以导致股价暴跌

如今亚马逊的经营范围涵盖家电、服饰、体育用品、生鲜食品等多种门类，但是，众所周知亚马逊最初是以图书起家的，亚马逊的网上书店始于 1995 年，如今已经成长为全球销量第一的书店。

除纸质图书外，亚马逊在电子书业务领域也成绩斐然。2007 年推出的电子书阅读器“Kindle”，在电子书市场已经成熟的美国占据了 83% 的市场份额，基本是一家独大的状态（根据 2017 年 2 月数据）。

美国曾有 4000 多家独立书店，2010 年这一数字降低为 1400 家，20 年中书店数量急剧减少。近年来人们提升社区紧密度的意识有所增强，签名会、儿童阅读等活动促使书店数量上升，但目前总数只有 2000 余家。这并不能全部归因于亚马逊的崛起，Barnes & Noble 和 Borders 两家大型连锁书店的影响也很大。

但是，由于受到亚马逊的影响，Borders 已于 2011 年倒闭，Barnes & Noble 近年来也陷入了困境。2018 年 2 月，Barnes & Noble 宣布裁员 1800 人，最高曾经达到每股 29 美元的股票 2018 年 3 月时已经跌至 4.1 美元。全美最大的连锁书店被亚马逊击垮也只是时间问题。

在日本也开设有店面的大型仓储量贩超市好市多是首家采用付费会员制的超市，它因此广为人知，消费者需要支付年费才能成为会员。好市多与亚马逊的“Prime”同为付费会员制，就这点来看二者相同，因此好市多也包含在“亚马逊死亡指数”企业之中。

好市多于1993年开始推行付费会员制，目前会员人数9000多万。亚马逊2005年开始推出“Prime”，却后来居上，目前会员人数已经超过好市多，达到1亿多人。亚马逊宣布收购全食后不久，好市多的股价就跌了10%以上。

其实，好市多的业绩仍然很好，并未受到亚马逊的实际冲击，看来“亚马逊入局”这一消息本身就足够引发好市多股价震荡。

当有消息称，亚马逊旗下云计算服务平台WAS自行研发的网络交换机可能于2018年7月对外发售，之后此领域重要厂商的股价纷纷下滑，思科（Cisco Systems, Inc.）下跌6.1%，瞻博网络（Juniper Networks）下跌3.9%，Arista网络公司（Arista Networks）下跌6.2%。

然而5天后，AWS的CEO安迪·杰西（Andy Jassy）表示报道并不属实，这次思科的股价上涨了3.7%，瞻博和Arista也有所上涨。亚马逊的一举一动都牵动着股市的涨跌。

诱发巨额收购

外界认为亚马逊接下来可能进军的众多领域中包含健康医疗产

业。2017 年 10 月有报道称亚马逊已成功取得美国 12 州（亚拉巴马州、亚利桑那州、康涅狄格州、爱达荷州、路易斯安那州、密歇根州、内华达州、新罕布什尔州、新泽西州、北达科他州、俄勒冈州、田纳西州）的医药品批发许可证。

在美国，处方药是一个高达 5000 亿美元的巨大市场，与食品一样，药品大多在实体店销售，因此亚马逊收购的全食实体店可以用来销售药品。此外与日本情况相似，来药店买药的人很可能会同时购买化妆品、洗衣液等其他商品。该领域相当具有商业价值，值得亚马逊尝试。

消息报道后，“亚马逊死亡指数”中的连锁药店 CVS Health 股价下跌近 10%，但该公司迅速构建防御措施，于 2017 年 12 月宣布收购美国第三大保险公司安泰保险（Aetna）。

已经购买安泰保险的人能以更低的价格在 CVS Health 的药店购买处方药，CVS Health 此次收购意在获取安泰保险的大量客户资源。这从侧面反映出，若 CVS Health 不进行高达 700 亿美元的巨额收购就无法摆脱亚马逊的威胁。

当然这只是个例，并非所有时候都需要进行巨额收购。当然也存在另外一种选择：不与亚马逊为敌，而是与其联手。比如受亚马逊冲击业绩恶化的亚马逊恐惧企业之一的美国大型百货公司西尔斯（Sears）2018 年 6 月发布消息称将与亚马逊合作，在亚马逊网站购买轮胎的顾客可以在西尔斯实体店提货。股市迅速做出反应，西尔斯的股价在盘后交易中迅速上涨了 12%。

其实创建“亚马逊死亡指数”的贝斯波克投资集团还推出了另

外一个指标“亚马逊幸存者（Amazon Survivor）”，该指标由不受亚马逊影响的企业构成，比如珠宝品牌蒂芙尼、连锁家居建材零售商家得宝（Home Depot）、童装零售商 The Children's Place。此外有些企业虽然被列入“亚马逊死亡指数”企业，却基本没受到影响，在继续保持发展。

这些企业生存下来的原因各种各样，包括依托强大的品牌力，客户群与亚马逊不冲突，借助科技力量等，不能进行笼统概括。但是无疑这些企业为日本企业提供了借鉴。本书将分析亚马逊以及与之抗衡企业的战略，思考亚马逊高压下的生存策略。

D e a t h b y A m a z o n

第 2 章

消失的店铺
消失的店员

——亚马逊重新定义实体店

震惊！GAP三年关店200家

在日本也经常能见到的大型连锁服装品牌GAP，2017年9月6日宣布未来三年内将关闭旗下盖璞（GAP）和香蕉共和国（Banana Republic）的约200家店铺。作为曾经的快时尚领军品牌，知道GAP的国人大概会惊叹“难道是那个GAP”，但如果换作美国人，可能会想“GAP，连你也是在劫难逃啊”。如今美国的百货商店和服饰店接连倒闭，大众对此可能早已司空见惯。

比如，在全美国拥有1000家以上的大型百货商店杰西潘尼2017年关闭了138家店，相当于总店数的1/10。此外，在日本的东京、福冈等地也开设有店面的服饰品牌A&F（Abercrombie & Fitch）每年也在不断关店，2016年关闭约50家，2017年关闭约40家，2018年计划关闭60家左右。

此外众多实体店被迫倒闭，不胜枚举。百货商店、超市类包括梅西百货（关闭68家）、西尔斯百货（关闭358家），服饰类企业包括盖尔斯（关闭60家）、AA美国服饰（关闭110家）、BeBe（关闭 180 家），再加上家电量贩店、药店等其他类型的零售商，仅 2017 年共计关闭了 7000 多家（表 2–1），2018 年这一势头仍在继续，截至笔者写作时间，已经有 3800 家店铺宣布关闭。

同样令人震惊的还包括：2017 年 9 月证实，美国的 Toys R Us 公司申请适用联邦破产法第 11 条。曾被誉为“玩具界巨人”的 Toys R Us 曾把市场扩展到全球 400 多个地区，销售额高达 115 亿美元。但是最近五年该企业的创收连续减少，财务状况恶化，截至 2017 年 4 月，负债总额已达 52 亿美元。

在 Toys R Us 事实性破产的背后是亚马逊的崛起。顾客无须特意前往实体店铺就能在亚马逊网站上方便快捷地低价购买所需商品，因此，2016 年亚马逊的玩具类销售额达到 40 亿美元，相当于 Toys R Us 销售总额的 1/3 以上。

实际上两家公司曾经是合作关系。2000 年时 Toys R Us 当时没有自己的线上销售网站，而是与亚马逊签订合作协议，约定亚马逊在线销售 Toys R Us 的玩具产品，且不能同时销售其他商家的玩具。但此后亚马逊以“Toys R Us 无法保证足量的商品供应”为由，开始同步销售其他商家的玩具产品，因此，2004 年 Toys R Us 将亚马逊告上法庭，终止了为期十年的合作，并于 2006 年推出了自己的在线销售网站。

但是，此后由于 Toys R Us 对网站的投入不足，加之“入局太晚”，玩具在线销售市场已经被亚马逊牢牢占据。Toys R Us 在申请破产后曾寻找过收购买家，最终没有找到，也没能顺利进行财务重组，最终只得关掉全国 735 家店面结束了在美国的业务。

此外，曾经在全美26个州经营260家店、拥有上百年历史的知名百货公司邦顿百货（Bon-Ton Stores）也在2018年2月申请适用联邦破产法第11条后倒闭了。邦顿也是因为受到亚马逊崛起的影响，顾客数量逐年减少，连续多年赤字，最终走向破产的。

其实并非美国人不再消费，而是在与以亚马逊为首的电商平台的激烈竞争中，传统零售企业仅靠大规模的店铺和丰富的商品种类已经无法形成竞争优势。

表 2-1　2017 年大量关店的主要零售企业及关店数量

企业名称	关店数量	类别
JC Penney	138	百货商店
Macy's	68	百货商店
Sears Holding（Sears & Kmart）	358	百货商店、超市
American Apparel 2016年11月申请适用联邦破产法第11条	110	服饰
Abercrombie & Fitch	39	服饰
Guess	60	服饰
The Limited 2017年1月申请适用联邦破产法第11条	250	服饰
Wet Seal 2015年1月申请适用联邦破产法第11条	171	服饰
BCBG 2017年6月申请适用联邦破产法第11条	120	服饰
Payless ShoeSource 2017年4月申请适用联邦破产法第11条	约800	服饰（鞋）
HH Gregg 2017年3月申请适用联邦破产法第11条	220	家电、家具

续表

企业名称	关店数量	类别
Radio Shack 2017 年 5 月申请适用联邦破产法第 11 条 不包括 425 家经销商店铺	约 1100	家电
Family Christian	240	专业零售
Staples	70	办公用品
Office Depot 2016 年以后三年的预计关店数量 （2016 年关闭 72 家）	300 （2016 年至 2018 年三年间的关闭数量）	办公用品
CVS	83	药店
GameStop	190	销售游戏软件
Gander Mountain 2017 年 10 月申请适用联邦破产法第 11 条	32	户外用品
Perfumania 2017 年 8 月申请适用联邦破产法第 11 条	65	折扣店（香水）
Gymboree 2017 年 6 月申请适用联邦破产法第 11 条	375~450	服饰（童装）
Ascena Retail Group	162	服饰
BeBe Stores	180	服饰
Rue21 2017 年 5 月申请适用联邦破产法第 11 条	约 400	服饰
Crocs	130	服饰（凉鞋）
Bob's store and EMS 2017 年 2 月申请适用联邦破产法第 11 条 同年 6 月被 SDI 收购	48	服饰
Amarican Eagle	34	服饰

亚马逊不断开设实体店

一方面传统零售企业被迫大规模关店，另一方面，2015 年 11

月亚马逊在美国西雅图推出了首家线下实体店“Amazon Books”，以此为开端，亚马逊开始进军实体店。2017 年 5 月在位于纽约曼哈顿中心的时代华纳中心，2017 年 6 月在新泽西州的帕拉姆斯，截至 2018 年 7 月，亚马逊开设的实体店多达 16 家。随着其开店计划的扩大，亚马逊在现实世界中的存在感越来越强。

亚马逊因为不断将以美国第二大连锁书店 Borders 为代表的传统书店逼入绝境而屡遭批评，现在却要积极进军实体店，乍看起来让人不觉感到矛盾。实际上亚马逊的实体店与传统书店有着鲜明的区别。

西雅图的 Amazon Books 店内除了 5000 册纸质图书外，还展示有电子书阅读器 Kindle 和亚马逊智能音箱 Echo。书店内每本书都正面摆放，没有任何一本书是书脊朝外的。这样摆放可以第一眼就吸引住顾客，但最大的特点还在于通过大数据技术充分运用网站数据。能摆上书架的都是网站上的畅销书，至少得满足四星（顾客评论）以上标准。此外实体书店还对预约购物、销售数据，甚至书店周边顾客的购买情况进行分析（包含 Kindle 数据），根据分析结果调整库存。这样的做法只有像亚马逊这样掌握顾客住址信息的企业才能做到。

书店入口处摆放着网评 4.8 星以上的高分图书（图 2–1），书名卡上标有网友评论、网评得分等信息。实体店还像网上书店里的“经常一起购买的商品”一样，设有“如果喜欢那本书，可能也会喜欢这本”专区。

摆放着亚马逊网站上评分 4.8 星以上的高分图书

图 2–1　Amazon Books 内的图书摆放

书架摆放也运用了数据分析结果，有的书架摆放“最经常被加入心愿单的书”，还有名为“Page-turners”的书架上摆放着“Kindle 上 3 天内读完的书”（图 2–2），Page-turners 的意思是“只要一读起来就欲罢不能的书”。很明显，亚马逊做这些时运用了顾客数据。

电商无须支付房租、电费、人工费用等成本，还可以在全国乃至全世界内开展交易，而实体店的主要顾客只限于附近居民。对于已经在电商领域取得成功的亚马逊而言，开实体店的费效比好像并不理想。

图 2-2　Page-turners（Kindle 上 3 天内读完的书）

那么亚马逊为什么非要开实体店呢？一方面它要通过实体店加深与顾客之间的联系，另一方面想借此增加 Prime 的会员数量。

其实亚马逊书店里的图书没有标价，顾客需要使用店里的扫码器或手机上的亚马逊软件扫描二维码才能看到价格（图 2-3），Prime 会员和非会员的价格不同。

Prime 会员可以跟网上购物一样享受折扣，但非会员只能以原价购买。也就是说，亚马逊试图通过实体店让顾客切身感受到成为 Prime 会员的好处，以此促使更多人成为其会员。

图 2–3　店内用于查看价格的扫码器

column

先于亚马逊从线上走到线下的 @cosme

就线上企业走向线下这一点而言，日本的一家企业同样值得关注，那就是运营化妆品点评网站 @cosme 的 istyle 公司。该公司早在 Amazon Books 之前的 2007 年就推出了线下实体店，后来在全国范围内的涉谷、上野 MARUI、新宿、池袋、有乐町 LUMINE 等地共开设店铺 21 家。

@cosme 是日本最大的美容类网站，拥有注册会员 470 万人，月访问量 1640 万人，点评 1400 万条（截至 2018 年 3 月末数据），受到 20~30 岁年龄段女性的大力支持。此外，与亚马逊相同，istyle 公司也在实体店中充分运用了通过网站积累下的大量数据。

比如店内显眼位置上摆放着网上的高分商品，商品并不按照厂商、价格等归类，而是将畅销排行榜上的商品按照洁面、美容液、卸妆等分门别类进行摆放，这与销售高级化妆品的传统化妆品柜台截然不同。此外店内随处可见“酵素洁面”“毛孔深层清洁”“暖暖化妆品”等点评网上好评商品的专区。

店里到处摆放着试用品，供顾客随便试用，这一点也广受好评。消费者只在网上看到商品可能无法下决心购买，在实体店内可以进一步亲自体验，线上线下巧妙结合。

@cosme 实体店在不断发展，2017 年的销售额为 72 亿日元，2018 年有望突破 100 亿日元。日本有很多实体店进军电商，但从线上成功走到线下的并不多。可以说 @cosme 是为数不多的成功案例之一。

收购全食有何深意

就进军线下实体店这点而言，2017 年 6 月，亚马逊宣布收购美国大型有机食品公司全食超市（Whole Foods Market，以下称“全食”），依然令人记忆犹新。这次高达 137 亿美元的巨额收购案，亚马逊瞄准的是并不适合电商的生鲜食品市场。

虽说电商发展迅猛，但就其在整个零售业中的占比来看，美国电商为 10%，日本为 5% 左右。其中在生鲜食品领域，实体店销售占绝大部分，电商只是极小的一部分。但是此领域的市场规模本身非常大，因此亚马逊此次收购应该是把目标锁定在了生鲜食品市场。

亚马逊通过收购全食，一方面得以将全食的400多家实体店用作商品仓库，支持网上销售；另一方面亚马逊在全食店内设置储货柜，供网上下单的顾客自行取货或退换商品使用。此外，收购还形成了协同效应，完成收购手续的当天，亚马逊就开始了全食自有品牌365精选（365 Everyday Value）的销售，开售商品种类达2000种左右，一周后，93%的商品卖光，销售额50万美元。当然其间亚马逊充分发挥了自身强大的销售能力，同时也降低了素来以“价高质更优”著称的全食商品的价格。

亚马逊从众多可收购的超市中选中全食主要是因为看中了它的顾客群体与Prime会员重合这一点，具体而言，他们共同的客户群是“城市中上级阶层”，全食的顾客中60%是亚马逊Prime会员。因此亚马逊希望通过此次收购取得如下协同效应：

1. Prime会员在全食消费时享受会员折扣，以此促进交叉销售。

2. 让全食实体店成为在线销售的仓库，保障电商及时发货并受理退换。

3. 收集、分析全食顾客的消费数据，以便面向Prime会员实施个性化的定价。

实际上亚马逊自2018年2月8日起已经在部分地区将全食纳入“Prime Now”的对象范围，此后Prime Now的会员只要购买全食商品满35美元即可享受2小时内免费配送服务，额外支付7.99美元后可享受1小时内送达。

如此看来，本次收购的用意并不只限于近来零售业中流行的“线上线下融合”，换言之，亚马逊此举与 Amazon Books 一样，意在提高人们成为 Prime 会员的积极性。

美国亚马逊 Prime 会员的年费高达 119 美元（2018 年 5 月 11 日进行了调价，在原来 99 美元的基础上上涨了 20 美元）。消费者一旦加入 Prime 会员，只要不退出就得一直向亚马逊续交年费，可以说亚马逊面临的最重要的一道难题就是如何不断提升消费者加入 Prime 会员的积极性以及如何留住会员。

与丸井联手，推出弹出式商店[①]

亚马逊在日本也推出了弹出式商店，一种仅限特定时间段内存在的店铺。针对年末的“网络星期一（Cyber Monday）”[②]，亚马逊分别在东京涉谷的“涉谷丸井”和“涉谷 MODI”开设了“Amazon Holiday 2017 弹出式商店”，营业时间为 2017 年 12 月 8 日至 11 日共 4 天。

弹出式商店中展示着网络星期一期间限时销售的商品，还有丸井集团的员工向大家讲解 Prime 会员的特权，此外还开辟了最快 1 小时送达的“Prime Now”服务专区，限时销售期间顾客可以在此处领取商品。此外还联手“Amazon Fresh”在涉谷 MODI 内的夏

① 弹出式商店（Pop-Up Store），俗称“游击店”，指不在同一地久留、“打一枪换一个地方”的店铺。

② “黑色星期五”之后的第一个星期一，美国亚马逊、eBay 等电商企业会在这一天推出大规模促销活动，成为“黑色星期五”的电商版本。

威夷餐厅内推出限量菜品，菜品所使用的食材来自“亚马逊生鲜（Amazon Fresh）”。

此外，店内还设有体验区，展示着亚马逊的智能音箱“Amazon Echo”等设备，虽说实际上是丸井的店铺，感觉上却更像是亚马逊的店。展示品并不当场直接销售，而是引导顾客手机扫描商品二维码到亚马逊网站的“网络星期一”主页上下单。

对于亚马逊而言，实体店是一个促销和拓展会员的绝佳机会，好处多多。但另一方面对于出借店铺的丸井而言好处并不明显。丸井表示，“我们竭诚满足顾客线上线下融合消费的需求，向更多顾客提供最佳购物体验，致力于借此打造‘与电商共存共荣’的店铺”。但是“让经验丰富的店员协助介绍亚马逊 Prime 会员的注册方法”还是让人感觉有些做过头了。

就丸井与亚马逊的关系而言，2007 年丸井成为亚马逊上的卖家，此外，丸井子公司“Epos Card”[①]的客户使用信用卡最多的并不是在丸井购物，而是向亚马逊支付。但对于亚马逊而言，丸井只是众多卖家中的一个，因此从中长期来看这种关系对丸井而言弊大于利，笔者并不赞赏。

“Amazon Go”的冲击

作为亚马逊运营的实体店，无人收银零售店“Amazon Go”（图 2-4）在日本同样受到极大关注。“Amazon Go”2016 年 12 月开

① 丸井集团旗下的信用卡公司。

业，位于亚马逊本部所在地西雅图的市中心，是一家占地 1800 英尺（约 167 平方米）的零售店。推出后的一年多时间内，该店一直处于测试期，仅面向亚马逊的员工开放，一般消费者不能在店内购物。但是，2018 年 1 月 21 日该店正式对外开放，从此任何人都能进店消费。

图 2–4　位于美国西雅图亚马逊本部附近的“Amazon Go”

正如“No lines, No checkout”的口号所宣传的那样，Amazon Go 的特点就是无须排队，也不用在店内结账，顾客将货架上的商品放入购物篮中后可以直接拿回家。顾客需要事先下载 Amazon Go 的应用软件，将自己的亚马逊账号和银行卡绑定在一起，店铺入口处设有像车站自动检票机那样的设备，顾客进店时只需要打开应用程序调出二维码，在设备上扫码即可。顾客看到想买的商品后将商品放进购物篮，直接从进店时的入口处走出去即可，既不用在收银台排队结账，也不用像在其他店那样扫描二维码。顾客出店后几分钟内会收到电子邮件。

无人收银零售店离不开被称为“Just Walkout Shopping Technology”的技术，该技术通过大量摄像头和传感器（图 2–5）来确定并追踪顾客，掌握顾客位置，分析顾客行为。当消费者拿起货架上的商品时，系统的传感器、图像识别摄像头等将通过商品包装确定商品，判断“谁买了什么”。系统将自动从顾客的亚马逊账户中扣除相关商品的费用。当顾客将商品放回货架后，扣费会自动取消。

岂止是不用在收银台前排队，店内根本没有收银台。亚马逊这种无须在店内付费的机制能消除顾客购物时的压力，是一种崭新的购物体验。此外，从店铺运营方来讲，应该注意到这是一种极具扩展性的机制。

此前，在便利店、超市的运营中人的技能发挥着重要作用，不管是订货发货还是店铺运作，到处都离不开员工的技能和经验。但是 Amazon Go 主要依靠软件系统运作，依赖人的部分相对较少，这一点非常有利于大规模铺店。其实，2018 年亚马逊已经在西雅图开了另一家，而且已经确定了在芝加哥、圣弗朗西斯科的开店计划。

图 2-5　Amazon Go 店内天花板上安装的摄像头和传感器

因开发 Netscape Navigato 浏览器而闻名的软件工程师兼投资人马克·安德森曾说过这样一句广为人知的话，“Software is eating the world（软件正在吞噬整个世界）”。该话出自安德森 2011 年 8 月在《华尔街日报》上发表的一篇文章，文章指出，“随着软件的登场，那些建立在旧有商业模式基础上的产业终将被颠覆，所有企业都将变成软件公司”。他预言了产业结构的重组，文章举例时曾提到网上书店亚马逊，将其视为象征着“软件吞噬传统商业”的代表企业。七年后的今天，可以说 Amazon Go 正在吞噬传统店铺。

Amazon Go 的目标是什么

Amazon Go 的机制是崭新的，但是，“无人收银店铺”的想法其实早就存在。比如，10年前IC标签（RFID）非常流行，当时就有人提出，在每件商品上贴上IC标签，门口的读取器一次性读取商品上的标签，然后通过银行卡结账。

但是，如果连10~100日元这么便宜的商品也贴标签的话，显然并不合算，因此这种想法未能成真。当时一枚标签的价格在100~200日元，与二维码相比贵得多。

与当时相比标签的价格已经下降，甚至一枚标签可以低于10日元，因此亚马逊也可能采用标签，用于识别同款衣服的大小号，这是单凭图像识别技术难以做到的。其实亚马逊申请的自动店铺运作方式相关专利中就包含了使用IC标签识别商品这一项。

从成本角度考虑，据说亚马逊开一家店需要数百万美元，零售业向来对成本非常敏感，因此从成本效益原则出发有人质疑亚马逊此举并不现实。但是将亚马逊与普通零售企业相提并论没有任何意义，从亚马逊以往的做法来看，只要将来效益可观，它会积极进行投资。

比如在日本，媒体偶尔会报道亚马逊与大和运输之间交涉运费问题，其实亚马逊配送业务在连年亏损，2016年亏损约72亿美元，而且亏损额在逐年增大（表2–2）。从全局来看亚马逊的北美零售业务是盈利的，所以问题不大，但是日本等海外零售业务却在亏损。一般的话，考虑撤掉海外业务似乎是项明智选择，但从没听见亚马逊表示过一点儿这种意思。

表 2-2 亚马逊的配送业务利润(2014—2016 年)(单位:亿美元)

	2014	2015	2016
配送收入	44.86	65.20	89.76
配送费用	−87.09	−115.39	−161.67
合计	−42.23	−50.19	−71.91

出处：作者根据美国亚马逊 2016 年的年度报告制作而成

为什么呢？其实目前亚马逊利润的主要来源是云计算业务（AWS），此项业务的销售额只占亚马逊整体销售额的不到 10%，但是却贡献了 43 亿美元的利润（图 2-6）。换句话讲，销售额不足全体 10% 的云计算业务创造了亚马逊利润总额的 7 成，海外零售业务就算稍微亏损也无大碍。这是其他企业无法比拟的优势。

甚至亚马逊可能根本不在乎 Amazon Go 能否赚钱，它只是想通过 Amazon Go 收集店内顾客的行为数据。店内设有无数摄像头，进店顾客的一举一动均在监控之下。因此亚马逊能掌握到顾客在店内足迹、表情、视线，以及“曾一度从货架取下，却最终没有购买”的商品信息。

电商在理所当然地收集“曾多次访问某商品主页却没购买”“曾经放进购物车，却最终没购买”等顾客信息，但实体店完全没在这样做。若能收集实体店的此类数据，将非常有助于探明阻碍消费的各影响因素（价格、设计等）。

	销售额(亿美元)	利润(亿美元)
零售(北美)	1061.10	28.37
零售(海外)	542.97	−10.62

续表

	销售额(亿美元)	利润(亿美元)
AWS	174.59	43.31
合计	1778.66	61.06

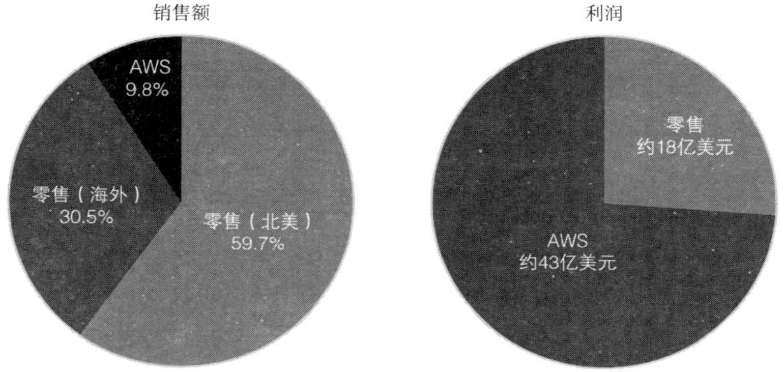

出处：美国亚马逊 2017 年度报告

图 2-6　亚马逊各项业务的销售额和利润(2017 年)

同时，亚马逊还能清楚掌握每位顾客的到店频率、停留时长（购物小票上有明确记载）、购物清单等信息，再结合网站顾客信息，就能线上线下全方位掌握顾客的消费行为。伴随顾客信息不断积累，未来亚马逊也许能像线上一样为顾客做推荐，以及实施一般超市无法做到的“折扣因人而异”。

追赶 Amazon Go

亚马逊推出 Amazon Go 后，全球零售商纷纷效仿，致力于打造各类无人收银台店铺、无人店铺。

在美国，亚马逊最大的竞争对手沃尔玛积极尝试无人收银结账，于 2017 年 8 月推出了“Scan & Go”。与 Amazon Go 一样，该系统需要顾客事先下载 Scan & Go 的应用程序，绑定银行卡和账户。不同之处在于沃尔玛在门口同时准备了手持式扫码仪（图 2–7），顾客没有智能手机依然能进入卖场。顾客使用手机摄像头或扫码仪扫描商品二维码，选好商品后在手机程序上付款（针对没有智能手机的顾客设置有自助收银台）。付完款程序会自动发送收据二维码，顾客出店时向店员出示收据二维码，店员扫描后即可离店。

Scan & Go 最初只在得克萨斯州、佛罗里达州等 10 家店铺中使用，2008 年 2 月，亚马逊表示 Scan & Go 的使用范围将进一步扩大到 100 多家店。此外，大型连锁超市克罗格（Kroger）也推出了名为“scan,bag,go”的同类应用，2017 年 20 家店铺使用此应用，计划 2018 年扩大到 400 家。

但是顾客需要自己扫描每件商品的二维码，离店时还得向店员出示收据二维码，就这几点而言不得不说，此类应用相较 Amazon Go 显然缺乏智能感。

出处：https://blog.walmart.com/innovation/20180109/why-were-helping-more-customers-scan-and-go

图 2-7　沃尔玛“Scan & Go”使用的手持式扫码仪

视线转向美国以外的地区，中国的新零售热潮同样引人注目。比如 2017 年 7 月落户上海的“缤果盒子”就是一个典型事例。该店由中国的初创公司中山市宾哥网络科技有限公司运营，与微信合作。顾客首先微信扫描店门口处的二维码，完成实名登记后才能进入店内。店面不大，约 15 平方米，里边有饮料、食品、日用品等 200 多种商品，每件商品上贴有 IC 标签。顾客挑选商品后用专用终端设备扫描商品二维码，使用手机中的微信或支付宝支付。

无人店内没有任何工作人员，所以如何防止偷盗也是不容忽视的问题。店内摄像头通过图像识别技术检查顾客带出去的商品是否已经全部扫过码，同时通过人脸识别技术监视是否有没登记人员闯入。店内设有视频通话系统，顾客可以在必要时通过该系统与远程工作人员交流。

虽说缤果盒子是无人店铺，但顾客需要自己扫码、支付，此外所有商品上都贴有 IC 标签，这种做法的成本令人担忧。然而，他每月的运营费用只有 373 美元，是传统便利店的 1/4。

另一家无人店是阿里巴巴集团 2017 年 7 月在杭州推出的为期五天的“淘咖啡”概念店，该店主要瞄准“90 后”年轻群体，集购物、餐饮于一体。顾客进店前首先需要扫描二维码，选取中意商品后通过专用出口结算、离店，之后的全过程不用再掏出手机。出口处的门是双重的，系统通过人脸识别技术识别顾客面部后打开第一道门，然后继续通过人脸识别完成收费，此后第二道门打开，顾客手机会接收到交易金额。支付宝自动完成收费环节。

与缤果盒子一样，淘咖啡同样采用 IC 标签来识别商品，但使用摄像头识别顾客，因此货架上、餐饮区的桌子和椅子上到处都是摄像头。

在中国，人们如此热心于无人店，源于人工费用提升的大背景。现在中国收银员每月最低工资要 5000 元，且每年都在以约 20% 的速度增长，预计这种势头将持续下去。若能削减人员成本，店铺将在竞争中占据有利地位。

日本也在积极开展无人收银尝试

在日本，罗森和松下 2016 年 12 月进行了无人收银系统“Regi-

Robo”的测试，该系统可自动完成结账和打包工作。系统最初需要顾客使用购物篮中的扫码器自己扫描每件商品的二维码，2017 年 2 月采用 IC 标签后顾客不必再自己扫码。每件商品都带有电子标签，顾客只需将装有商品的专用购物篮放在 Regi-Robo 上，系统会自动读取全部标签（图 2-8）。系统显示购物清单，顾客确认后使用现金或银行卡支付，此后智能购物篮的底部滑动式打开，完成自动打包。

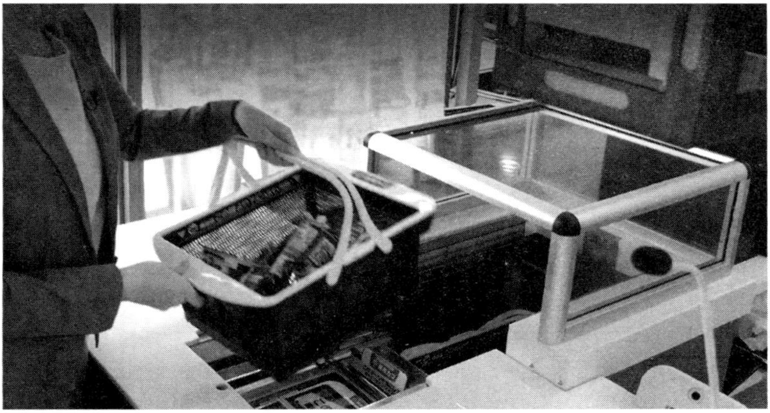

出处：https://www.panasonic.com/jp/corpcrate/wonders/prize/2017/regirobo.html

图 2-8　松下开发的自动无人收银机“Regi-Robo”

提到采用 IC 标签的无人收银，2018 年 2 月松下还联合总部位于福冈县的 Trial Company 开展了“Walk-through 型 RFID 结算解决方案”测试，顾客使用该系统只需一边走一边将装有商品的购物篮置于“Walk-through 型 RFID 结算通道”的识别区，即可完成对商品的识别和付款（图 2-9）。付款需使用预付卡，顾客将预付卡和商品一起放在通道识别区。系统识别商品后直接结算，极大缩短了付款时间。

出处：https://www.youtube.com/watch?v=bo75RqAEhck

图 2-9 松下和 Trial Company 开展“Walk-through 型 RFID 结算解决方案”测试

使用 IC 标签的无人收银系统面临两大难题：一是标签成本高，一是需要手工贴标签。标签成本高是老问题，如今已经能将单个标签成本控制在 10 日元，但相对于 100 日元一个的饭团来说，10 日元显然不低，降到 1 日元会比较理想。此外，贴标签需要像当前的二维码那样，作为包装的一部分，在商品生产环节就解决掉，不然难以商业推广。

其实也有日本企业开发了类似 Amazon Go 的无人收银系统，该系统不使用 IC 标签，而是采用图像识别技术。开发此系统的是已经在东京交易所玛札兹（MOTHERS）上市的IT初创企业Signpost。该公司早在Amazon Go正式面世以前的2017年11月，在JR东日本大宫站的实验便利店里就推出了自己研发的无人收银系统“Super Wonder Register”。

便利店的屋顶和货架上安装有很多摄像头，顾客进店后系统首先会为每位顾客分配一个专有ID，然后追踪顾客行为。当顾客拿起某件商品时，多个摄像头实时识别商品、自动计费；顾客若将商品放回货架，系统自动取消计费。购物结束后，顾客靠近门口处的显示屏，系统将自动显示消费金额。顾客使用西瓜卡（Suica，一种IC乘车卡）付款，只需在刷卡机上刷一下即可。

使用图像识别技术识别顾客和商品，顾客选中商品后直接拿走，从这点来看Super Wonder Register与Amazon Go是一样的，但Super Wonder Register需要顾客离店时刷西瓜卡，这点又有所不同。乍看起来，Amazon Go完全不用在店内支付，好像更智能，但说到底它只面向拥有亚马逊账户的部分人群，而且要求提前下载应用程序、绑定账户和银行卡，因此这往往让偶然进店的顾客望而却步。

与之相对，Super Wonder Register不要求这些前期准备工作，虽然测试系统只能使用西瓜卡结账，但是添加结账机后该系统完全能支持现金结算。这是Super Wonder Register的一大优势。

电商的“Showrooming 2.0”

至此，笔者介绍了进军实体店的亚马逊，其实从线上电商转而布局实体店的不止亚马逊一家。各电商在取得线上成功后正在纷纷转战线下实体店，当前这在美国已经形成一股热潮。

本书开篇介绍过传统零售商纷纷关店的情况，这看似矛盾，实则不然。按照传统思路运营实体店当然无法逃避顾客流失、收缩关店的命运，但实体店并非全无价值，这从亚马逊积极进军实体店就能看出。实体店的作用已经发生改变，意识到这点的玩家正在从线上转到线下，重新定义实体店的作用。典型的例子就是亚马逊的 Amazon Books，此外笔者介绍一下另外一个典型代表——眼镜电商"Warby Parker"。

在日本，消费者可以低价买到 JINS、Zoff 等优质眼镜，但美国的眼镜价格总体来看要高很多。Warby Parker 2010 年创立，始终坚持自己设计和生产，仅限网上销售。因此它能为消费者提供物美价廉的高性价比商品。此外，Warby Parker 还有效解决了"不能拿在手上实际感受""不能试戴"等困扰电商的普遍性难题，根据规定，顾客最多可选择 5 款喜欢的镜框，5 天内免费试戴。

Warby Parker 取得线上成功后，2013 年 3 月在纽约的 SOHO 地区推出了首家实体店，现在其实体店总数已超过 40 家，以纽约为中心遍布美国全境。Warby Parker 开设实体店的终极目标是展示品牌理念，它将实体店定义为供顾客亲身试戴和体验的 Showrooming。因此顾客看到心仪商品后不能直接购买，店内下单后商品几天后邮寄配送。无独有偶，这种被称为"Showrooming 2.0"的做法在像 Warby Parker 这样从线上转战实体店的电商中非常普遍。

"Showrooming"一词出现在 2012 年前后，顾客在实体店中只能体验商品而不能直接购买，选好后在亚马逊等电商平台以更优惠的价格购买，基本上就是指在实体店体验后在另一家企业运营的网站上购买，如果称其为“Showrooming 1.0”，那“Showrooming 2.0”则指供顾客体验的实体店和实际购物的网站由同一家公司运营。一般来讲，与略带否定意味的“Showrooming 1.0”相比“Showrooming 2.0”的肯定意味较强。

没有库存的实体店

本业之外，积极发展实体店的电商企业大力发展 Showrooming 2.0，为达到线上线下的协同效果，它们多采用以下方法运营实体店。

（1）没有库存

实体店中展示有网站上的全部商品和全部尺寸，顾客可以在店内尽情看、尽情试却不能直接从店内带走中意的商品，所有商品都将邮寄给顾客。反过来讲，店铺省去了仓库空间，也不用进行仓库管理，出货、陈列、整理等工作统统可以避免，有效削减了店铺运营成本，店员也能腾出更多的时间和精力接待顾客，提升与顾客之间的互动效果。

（2）统一网上下单

更为独特的一点是，虽为实体店，却需要顾客使用店内的电脑或平板设备自助下单。就目标客户而言，习惯网购的人群自然包括其中，此外还包括“不懂怎么网购，没在网上买过东西”的人群。针对这类人群，有专门的店员在一旁指导，一旦教会了如何网购，此后这部分人就能自行去网站购买更多商品。

（3）没有收银台

顾客通过电脑或平板设备下单，同时用银行卡完成支付，所以店内没必要设置收银台，也不用进行现金管理，大大减轻了店铺运营负担。

（4）不必在一级地段开店

选址时对店铺的设定并不是开在人流量大的地段，最大限度增加到店顾客数量，而是供有网购经验、了解自身品牌的人群实地查看商品，更好了解商品的尺码、颜色、材质等。因此，没必要将店开在临街的一级地段，可有效控制运营成本。

可见电商企业在运营实体店时仍然以电商为本，极力避免传统运营方式中的高成本部分，避免步传统零售业后尘。

当然，电商企业还希望通过发展实体店提升品牌知名度，吸引更多线上顾客，提升电商销售额。比如素有“钻石销售破坏者”之称、以低于市价 20% ~ 40% 的价格在线销售钻石的 Blue Nile 公司（1999 年成立），2015 年 6 月在纽约开设了首家实体店。店铺面积 500 平方英尺，比传统珠宝店小。在店内，顾客能现场查看钻石，但需要通过平板电脑网上下单。与 Warby Parker 相同，Blue Nile 对实体店的定位也是展示网店商品的“Showrooming”。店员的工资不与销售额挂钩，所以不会硬向顾客推销产品。开设实体店收效明显，不但轻松完成了预设的集客目标和销售目标，还有效带动了线上销售。可见电商在线上取得一定成功后转而布局实体店，很可能以最低成本创造出极佳的效果。

“线上 SPA”D2C

像创业初期的 Warby Parker 那样，自己策划、自己生产、仅限自营网站销售的商业模式被称为“D2C（Direct to Consumer）”。省去中间商环节、直接从生产到零售的销售形式与以 GAP、优衣库等为代表的“SPA（Speciality store retailer of Private label Apparel，制造零售业）”很相似，但没有实体店、仅限网上销售这点又不同于 SPA。D2C 也叫“线上 SPA”，这种模式能缩减店铺运营费用，以更合理的价格销售商品，因此在品牌不敏感的消费者群体中广受好评。

以 Warby Parker 为代表，靠 D2C 商业模式成长起来的初创企业转而进军实体店，这已成为当前趋势（表 2-4）。此类企业原本依托没实体店这一优势发展壮大，如今却又布局实体店，这看起来矛盾，但就像之前介绍过的，目前人们普遍认为如果极力压缩运营成本，开实体店依然利大于弊。

表 2-3　进军实体店的主要 D2C 企业

企业名称	商品	成立时间	推出实体店的时间	实体店数量	备注
Warby Parker	眼镜	2010 年	2013 年	76	
Bonobos	男装	2007 年	2011 年	53	沃尔玛收购
Casper	床垫	2014 年	2017 年	18（直营店）	与大型家具企业 Westelm 合作
Blue Nile	珠宝	1999 年	2015 年	6	
Everlane	服饰	2010 年	2017 年	2	
Indochino	服饰	2007 年	2014 年	26	
Frank&Oak	服饰	2012 年	2014 年	19	
BaubleBar	珠宝	2011 年	2015 年	170	
ModCloth	复古服饰	2002 年	2016 年	2	

日本当前还没有靠此类模式取得极大成功的企业，但是供顾客查看商品、进行试穿的“Showroom”概念越来越普遍。比如日本第一大运动品牌亚瑟士（Asics）2016 年 8 月在京急品川站开设了“亚瑟士车站店品川（Asicsstationstore 品川）”。

因为开在车站，这间“能当场购物的 Showroom”概念店面积不大，只有 26 平方米（与前文提过的 Blue Nile 相同），库存数量也不多。顾客看到心仪商品，有库存的话可以当场购买自己带回，没库存或不便于自己带回的，也可用智能手机扫描二维码登录网站购买商品，商品邮寄给顾客。此外店内还备有平板电脑，供没有智能手机的顾客使用。

虽说是“能当场购物的 Showroom”，却并非与 Showroom 完全不同。在车站开店，提升品牌和商品的知名度，创造更便于购物的消费环境，此类战略对于思考今后如何运作实体店具有重要借鉴意义。

另一方面，丸井集团2017年2月在丸井锦丝店，2017年3月在永旺木曾川店分别开设专供试穿的鞋店“乐可奇美丽鞋 Fit Studio”，丸井锦丝店内只销售自有品牌“乐可奇美丽鞋”女鞋，但是型号齐全，顾客不需要通知店员就可以在19.5 ~ 27厘米的16种型号中自由选择试穿。

此种卖场概念与美国的Warby Parker相近。没有库存，顾客使用店内专用平板或自己的手机下单，享受免费运送（最快两天送达），避免亲自将大体积的商品带回家。店内摆着全部型号，店员不用再确认是否有库存，省掉了拿货等工作。此外不用进行店内收银，店员更能集中精力接待顾客。如此一来可以将店铺面积压缩到最小，引发裁撤店员。

日本快递员紧缺，有“配送危机”的说法，但是零库存的“Showroom”模式对于店家和消费者都好处多多，相信今后尝试此类模式的企业会增加。

但是不能随便跟风，如果自身策划、制造能力不行，没有独具魅力的自有品牌（商品）的话，消费者可能会转向亚马逊等更低价的电商平台，如此一来将重蹈Showrooming 1.0的覆辙。丸井将销售范围严格限定在自有品牌女鞋也是出于这一层考虑。

本章总结

（1）在美国，以百货商店、服装店为首的零售店大量倒闭，原因并不是美国人不买东西了，而是在跟以亚马逊为首的电商开展竞争时，单靠大规模铺店、品种齐全已经难以生存。

（2）亚马逊开设 Amazon Books、收购全食，最终目的是进一步扩大 Prime 会员数量。

（3）Amazon Go 的运营中软件占据重要地位，需要人的部分很少，这一点有助于大面积推广店铺。

（4）亚马逊的利润主要来自销售额不到整体 10% 的云计算业务“AWS”，它贡献了亚马逊总利润的 7 成。因此亚马逊才能不计较 Amazon Go 亏损与否，通过它收集顾客行为数据。

（5）受亚马逊刺激，美国、中国的零售业纷纷推出无人店，日本企业 Signpost 也开发了有趣的“Super Wonder Register”。

（6）除亚马逊外，Warby Parker 这类靠 D2C 商业模式成长起来的初创企业也在积极布局实体店，诞生了名为“Showrooming 2.0”的新趋势。

（7）零库存的“Showroom”不论对于店家还是顾客都好处多多，预计今后将有更多企业尝试此模式。

Death by Amazon

第 3 章

下一个目标是时尚 EC

亚马逊通过开设 Amazon Books、Amazon Go，以及收购全食加速布局实体店，同时并未放松对 EC 的投资，它的下一个目标是时尚界。

其实，亚马逊早已经涉足时尚圈。亚马逊销售服装可以追溯到 2002 年（表 3–1），与容易陷入低价竞争的图书、家电相比，服装利润更高，因此，亚马逊 CEO 杰夫·贝佐斯在不断加大对时尚类业务的投入力度。继 2006 年收购女性时尚购物网站“Shopbop”后，2009 年又完成了该公司史上金额最大的一次收购，以 12 亿美元收购了服饰、鞋类销售网站 Zappos.com。2012 年亚马逊不但赞助了每年 5 月在纽约大都会艺术博物馆举行的 MET Gala，还成功联手纽约的 EC 网站 MODA OPERANDI 进军时尚奢侈品行业。

在日本，2016 年亚马逊成为日本时装周推进机构（IFWO）主办的“东京时装周”的冠名赞助商，同年 10 月以冠名赞助商的名义举办了“亚马逊时装周东京”。

此外 2018 年 3 月，亚马逊在东京品川成立了摄影工作室，这是继纽约、伦敦、新德里之后的第四个摄影工作室，但却是全球最大的一个，总面积达 7500 平方米。该工作室每年拍摄制作 100

万件以上的图片或视频作品，以及每件商品的360度视频。该工作室的目标包括完善亚马逊网站上时尚类商品的图片使之统一，以及在颜色、尺码基础上进一步凸显商品质感，从中亚马逊坚定贯彻“顾客第一”的做法可见一斑。

表 3-1 亚马逊主要的时尚类业务

时间	地区	概要
2002年	美国	开始销售服装类商品
2006年	美国	收购女性时尚购物网站“Shopbop”
2009年	美国	收购服饰、鞋类销售网站 Zappos.com
2010年	日本	位于琦玉川越的时尚商品物流基地“亚马逊穿越 FC（Fulfillment Centers，旅行中心）”开业
2011年	日本	商品配送后30日内可免费退换
2012年	美国	赞助纽约大都会艺术博物馆慈善晚会 MET Gala
2012年	美国	携手 EC 网站 MODA OPERANDI 进军时尚奢侈品行业
2013年	美国	在纽约开设时尚类商品专用摄影工作室
2014年	日本	在亚马逊网站开辟时尚专区“Amazon Fashion”
2015年	美国	冠名纽约时装周
2015年	英国	在伦敦开设时尚类商品专用摄影工作室
2016年	日本	冠名东京时装周
2016年	日本	首次举办“亚马逊时装周东京”
2017年	印度	在新德里开设时尚类商品专用摄影工作室
2017年	美国	推出 Amazon Prime Wardrobe
2017年	美国	穿衣助手“Echo Look”开售
2017年	日本	位于大阪藤井寺的时尚类商品专用物流基地“亚马逊藤井寺 FC”开业
2018年	日本	开设位于东京品川的时尚类商品专用摄影工作室

“在家自由试穿”，突破电商局限

对于时尚品电商而言比较困难的一点是不能像实体店那样推广品牌。2014 年亚马逊在日本开辟“Amazon Fashion”专区，力图以独特的时尚设计赢得时尚人士青睐，但一直被诟病“亚马逊的设计风格太过简约”。时尚界向来重视趋势、世界观，品牌推广事关生死，处理不好可能破坏品牌形象。

为此时尚电商想成功必须用其他方法提升顾客满意度。2017 年亚马逊在大阪的藤井寺建立时尚类商品专用物流基地，这是继琦玉县的川越基地后的第二家，东西两大基地及时向日本全国各地发送服装。此外还与 AOKI、库纳佳（KONAKA）等男装品牌合作，开设专门界面，增加商品数量。

“不能试穿”一直是困扰时尚品电商的一项问题，为弥补这一短板，亚马逊不断推出有力举措。根据规定，顾客在“Amazon Fashion”购买商品后 30 日内可申请免费退货，因为色差、号码偏差申请退换的，如果有可供更换的适宜商品还提供免费更换服务。严格来讲这有别于“试穿”，但是购买免费退换实质上与试穿别无二致。Amazon Fashion 的页面上有如下说明：

> 挑选到中意商品请放心购买，不必纠结于尺码和颜色。您可以同时下单多件商品，在家自由试穿，确认商品的设计、穿着感受等直到满意。快来体验“在家自由试穿”吧。

从消费者的角度来看，“在家自由试穿”举措非常重要。笔者身边也经常有人抱怨，“想买东西，但试穿太麻烦”。试穿时需要跟店员打招呼，店员在身边往往感到不自在，会想“不买的话不好意思”。有时店员推荐的商品自己并非百分百满意，却碍于面子买下了。

如果换成“在家自由试穿”情况就大不一样了，顾客不必顾及店员可尽情试穿，然后只留下自己真正满意的商品。退货方法也极为简便，消费者只需登录亚马逊网站，在“已购商品”界面登记必要的退货信息后将需要退货的商品自行放到便利店或请快递员上门揽件即可。

2017年6月，亚马逊在美国面向Prime会员推出“amazonprime wardrobe”，根据规定，消费者可在Amazon Fashion100多万件商品中选择3~8件，不满意的商品7日内享受免费退货。

顾客选择商品后下单，实际拿到后支付决定留下的部分，亚马逊推出消费满200美元以上享受8折优惠政策，以此鼓励消费者最大限度留下选择的商品。

在家自由试穿，不满意的商品只需装进（送来时用的）专用箱即可退货这一点，美国与日本非常相似，但也存在很多不同点。比如，“amazonprime wardrobe”会员需要一次下单多件商品；不满意的商品需要7日内退还；先下单，实际决定购买后才支付。

但有一点非常明确，这些策略都在试图解决“购买前不能试穿”这一困扰电商最大的问题。

时尚助手“Echo Look”

亚马逊为推动时尚电商业务发展，2017 年 4 月在美国推出了搭载语音助手“Amazon Echo”（详见第 6 章）摄像头的“Echo Look”（图 3–1）。

语音拍摄全身照或录制视频

出　处：https://www.amazon.com/Amazon-Echo-Look-Camera-Style-Assistant/dp/B0186JAEWK

搭载有自拍摄像头，用户可以像使用 Amazon Echo 一样发出语音指示，Echo Look 将自动拍摄用户全身。

图 3–1　Amazon Echo Look

“Echo Look”是一款时尚终端设备，其摄像头不是用来拍别人，而是拍自己。这款时尚助手的功能包括：服饰穿搭和风格建议、亚马逊购物建议。

比如使用者发出语音指示，“Alexa 拍照片”“Alexa 录视频”，此后“Echo Look”将 360 度全方位拍摄，此外这款语音时尚助手还搭载有深度传感器，能自动进行背景虚化。增加该功能，主要考虑顾客可能会将拍摄的照片或视频上传到 Instagram 等社交网站。背景虚化后，就算房间很乱也不影响照片或视频的效果，方便大家分享。

照片按时间顺序保存在手机专用程序中，因此，用户能够记录自己每天的服装，确认以前的穿搭。此外，时尚助手还能从正面、侧面、后面等各角度审视自己的外貌，很受女性青睐。

Echo Look 最棒的功能是“风格建议”（图 3-2），该功能可以从两张照片中选出最佳的一张，给用户提供建议。该功能结合机器

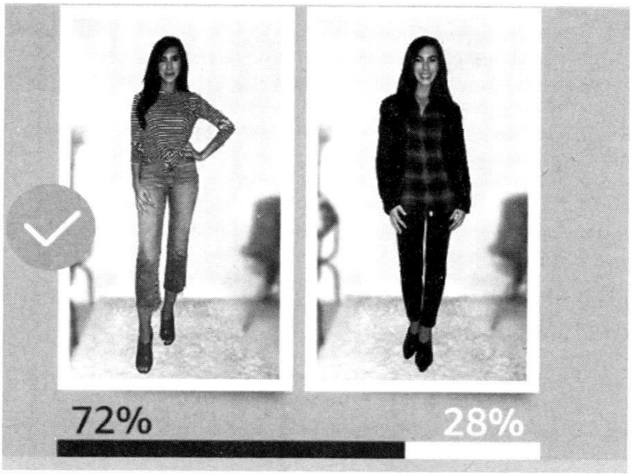

出　处：https://www.amazon.com/Amazon-Echo-Look-Camera-Style-Assistant/dp/B0186JAEWK

结合机器学习算法和时尚专家建议，在和适度、颜色、式样、当前潮流等基础上选择两张中用户看起来最好看的一张。

图 3-2　Amazon Echo Look 的“风格建议”功能

学习算法和时尚专家建议，在和适度、颜色、式样、当前潮流等基础上选择两张中用户看起来最好看的一张。用户判断系统建议是否有用，系统进一步学习用户反馈，因此，该系统越用精确度越高。

系统学习用户的兴趣爱好便于亚马逊网站针对顾客的个人兴趣更有针对性地推荐商品，拉动销售。Echo Look 的商业模式在于：先向顾客让点利，然后再通过时尚电商业务赚钱。

Echo Look 内置摄像头，因此，设计时也充分考虑了保护用户隐私。具体来讲，机器上设有关闭音箱和摄像头的按钮，如果用户担心它"擅自录音或擅自拍摄视频"可以关闭该电源。

此外，与 Amazon Echo 一样，Echo Look 也具有语音播报天气和新闻、播放音乐的功能，因此，Echo Look 的另一个功能便是供用户结合当天天气决定自己的穿搭。目前 Echo Look 仅在美国销售，相信总有一天日本也会销售。

自有品牌是创收源泉

虽说致力于时尚行业，仅靠出售第三方时尚类商品并不能带来高收益，因为亚马逊每卖掉一件商品，只从中抽取一成左右。因此，亚马逊最近正在着力打造自有时尚服装品牌。如果是自有品牌，自己能够承揽从生产到销售整个过程中的每一步，省掉市场营销、物流等环节不必要的成本，确保高收益。

亚马逊自 2009 年起开始运营自有品牌"Amazon Basic"，主要低价出售电池、充电器、USB 插线等日常用品，此外还在名为“Amazon Essentials”的品牌下出售 T 恤、POLO 衫、内衣等基础款时尚商品。这些自有品牌下的商品不但价格低廉，而且品质的口碑良好，亚马逊计划今后继续充实产品线，尤其是集中力量发展更具时尚气质的时装、鞋品、运动服饰等。

也有质疑的声音，人们认为在重视流行潮流的时尚业，除了内衣、袜子等实用性较强的日常消耗品，消费者不会对亚马逊的流行服饰类商品买账。但 2017 年 9 月亚马逊在欧洲推出自有时尚品牌“Find”，任命曾经统管 Makers & Spencer 女装的 Frances Russell 为负责人。可以说此举透露出亚马逊正式进军该领域的决心。

至于为什么在欧洲而非美国，也引发了各种猜测。主流观点认为，亚马逊向来不太重视欧洲市场，即便失败了也不会遭受重创，而一旦成功了，“在时尚中心欧洲取得成功”将是很好的噱头。

亚马逊也在致力于研发“AI（人工智能）服装设计师”，AI 通过学习 Instagram、脸书等社交网站上的海量图片和“Echo Look”照片，把握当前流行趋势，并在此基础上设计新产品。

日渐清晰的亚马逊时尚电商战略

分析此前亚马逊在时尚行业的这些举措不难看出其战略意图，虽然尚不十分清晰。

1. 销售第三方的时尚类商品

通过销售他人品牌的商品收集大量相关信息，掌握什么商品畅销，从多角度进行彻底分析。

2. 开发自有品牌

基于分析数据，大力发展收益性好的自有品牌。以低于第三品牌的价格出售。

3. 通过“amazon prime wardrobe”促使消费者购买多件商品

推出免费退换政策，让顾客在家自由试穿，借此促进服装、鞋品的电商销售。就算是对亚马逊自有品牌的商品持怀疑态度的顾客，通过实际触摸商品、确认品质、自由试穿，也能“路转粉”。同时，不断收集顾客的兴趣爱好信息，推出“购物满 200 美元可享受 8 折优惠”，借此促使顾客购买更多商品。

4. 通过“Echo Look”收集数据

Echo Look 大量收集顾客数据，除用于开发商品，还用来提升向顾客提供建议的精确度。此间，在不显得十分刻意的范围内推荐自有品牌商品，从而提升自己公司商品的销售份额。

此外，亚马逊不忘品牌形象战略，赞助大型时尚类活动，这有效提升了亚马逊在时尚行业中的知名度和品牌形象。

虽是半路出家，如果该战略得以顺利实施，不远的将来竞争对手将难以赶上亚马逊的步伐。特别是亚马逊大力发展自有品牌这一举措，对于在亚马逊开店的其他商家而言无异于晴天霹雳。如果亚马逊推出与自己同品类的自有商品，商家则不得不调整自己在亚马逊的店铺。

日本的应战策略之一
——迅销

就日本国内市场而言，谈到受亚马逊冲击，首先想到的就是优衣库背后的迅销。该公司在 2018 年 4 月发布 2018 年 2 月中期业绩时表示，到 2022 年，公司全球电商比重将从当前的 9% 提升到 2 倍。迅销明确表示没有在亚马逊开店的计划，要通过自家的电商与之抗衡。

关键在于迅销掌握亚马逊所不具备的实体店优势，服装行业的消费者也在逐渐从实体店转向网络，现实与虚拟的融合至关重要。2018 年 4 月优衣库在实体店内开设网购取货区，免收运费。

此举顾客不但能享受免邮网购，还能在家附近的实体店内实际确认商品、当场试穿。如果因为尺寸不合身或实物与网上图片不符想退换商品，也可当场办理。只是，该举措并未超出传统全渠道范畴，略显缺乏新意。

谈到新意，2017 年 9 月优衣库面向部分会员开展了 AI 服务员——“优衣库 IQ（UNIQLO IQ）”试点。优衣库 IQ 是优衣库手机应用中的一项语音助手功能，能帮助顾客选择商品、查询中意商品在附近店面的库存情况。若顾客在店内遇到中意商品，可使用手机应用扫描商品二维码，系统将提供穿搭方案，也能查询其他颜色、尺寸等是否有货。优衣库的战略是，以手机应用为切入点，促进线上线下融合（图 3–3）。

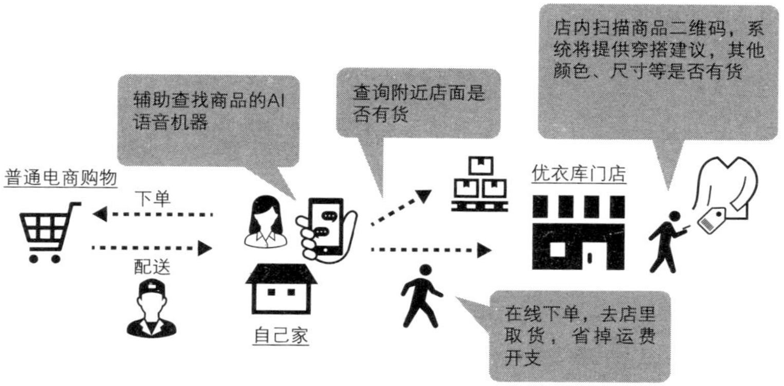

图 3-3　迅销的线上线下融合战略

日本的应战策略之二
——Start Today

亚马逊推出购物 30 日内免费退换货政策，以此解决电商购物无法试穿的难题。与之相对，在线时尚购物网站“ZOZOTOWN”的运营商 Start Today 亮出新招，该公司 2017 年 11 月推出电子感应衣“ZOZOSUIT”（图 3-4），供有意愿试穿的顾客免费使用。ZOZOSUIT 内置伸缩传感器，用于测量顾客身体尺寸。

ZOZOSUIT 适用于该公司的自有品牌“ZOZO”，开发目的是消除顾客在线购买服装时“不清楚尺寸是否合身”的顾虑。电子感应衣的卖点是瞬间测量上身长、臂长、裤长等全身各处尺寸，数据结果保存在手机应用中，顾客在 ZOZOTOWN 上购物时，网站会推荐相应尺码的商品。

该公司社长前泽友作在推特上传自己身穿 ZOZOSUIT 的照片，

表示“我们将通过街头、合作方等推动 ZOZOSUIT 迅速普及，使之像体重秤和体温计那般每家必备。而且我们要成为世界上最了解顾客体形的企业，基于数据为每位顾客提供适合的衣服，我们的目标是打造全球另类时尚企业”。

ZOZOSUIT 在推特上引发强烈反响，Start Today 在 10 小时内接到 23 万份预约订单。但是接到订单后不能及时供货，最长供货期甚至达到 8 个月。为此，该公司 2018 年 4 月表示，将放弃伸缩传感器测量尺寸的方式，改用其他方式制造新型“ZOZOSUIT”。

图 3–4　ZOZOTOWN 的感应衣 ZOZOSUIT

新型“ZOZOSUIT”（图 3–5）采用读取标记方式（电子感应衣上遍布点状标记，用手机相机 360 度拍摄上边的标记），辅以语音提示，从各角度拍摄约 12 次后能测量全身尺寸。虽然新型感应衣测量需耗时3分钟左右，但是好处不少，可实现量化生产，每件衣服的生产成本能大幅降低至1000日元，此外不使用传感器后也不用担心电池的电量耗尽问题。

出处：http://zozo.jp/shop/zozo/goods/30242481/

采用不同于之前“传感器方式”的“读取标记方式”，使用手机摄像头360度拍摄感应衣上的标记，测量尺寸。

图3–5　2018年4月公布的新型“ZOZOSUIT”

该公司表面目的与亚马逊一样，是促进自有品牌商品销售。虽然是免费提供ZOZOSUIT，如果顾客能大量购买利润高的自有品牌商品，就能把钱挣回来。实际上，收到（旧版）ZOZOSUIT的顾客中6成实际采集了尺寸，其中5成顾客购买了其自有品牌商品，平均每人2.5件，平均单价7500日元，且退还率为0。当前ZOZOTOWN的自有品牌只有T恤（1200日元）和牛仔裤（3800

日元）两种，但今后计划增加休闲衬衫、紧身牛仔裤等以丰富产品线，进展顺利的话利润可期。

该公司的另一深层目的应该是收集顾客体形数据。如果既能收集到腰围、胯宽、腿长等大体数据，又能收集到手臂长度、臂围、小腿粗细、脚踝粗细等详细数据，就能研发出更适合顾客的商品。如果再能分析体形信息与商品满意程度之间的关系，如“肚子突出的人喜欢这类商品”，就能掌握开发革新性商品的方法。

该公司计划今后在全球 72 个国家发售自有品牌商品，跟在日本一样免费向各国顾客提供 ZOZOSUIT，收集顾客数据，这样一来就能够针对不同国家和地区不同顾客的体形和喜好开发产品。

从中长期来看，若顾客长期使用 ZOZOSUIT，还能掌握其体形变化情况，并据此及时做出相应推荐。如果 Start Today 能先于亚马逊拿到顾客提醒数据，这无疑取得了巨大优势。

日本的应战策略之三
——STRIPE INTERNATIONAL

与优衣库、ZOZOTOWN 相比，STRIPE INTERNATIONAL 的知名度可能不高，但 2018 年 2 月开业的时尚电商平台“STRIPEDEPARTMENT”上不断有大牌服装品牌入驻。

运营“STRIPEDEPARTMENT”的是 STRIPE INTERNATIONAL 和软银联合组建的同名公司，该平台将 STRIPE INTERNATIONAL 在服装行业积累的市场营销能力、企划能力与软银的技术实力有效整合在一起，旨在打造提供特色服务、具有高效集客能力的时尚电商平台。

“STRIPEDEPARTMENT”瞄准的主要顾客群体是被称为“F2层”的35 ~ 49岁女性，特别是地方上因百货商店不断倒闭而无处购物的该年龄段女性。ZOZOTOWN的目标顾客以20 ~ 34岁的“F1层”为中心，因此二者的目标顾客群体并不相同。

平台上也有男装，但女装品牌占绝大多数，二者比例为8：2。在上边开店的包括拥有“ensuite”“SIMPLE LIFE”“LESTERA”的百货商店代表性服装企业瑞纳（Renown）和拥有“EVEX by KRIZIA”“MACKINTOSH PHILOSOPHY”“SANYO COAT”的三阳商会，平台汇聚了600多个品牌。

STRIPEDEPARTMENT有以下4个主要特点：

（1）试穿服务

每月最多可试穿3件商品，最长试穿8天，试穿后寄回时免邮费。购买前的试穿活动不产生费用。

（2）私人造型

专业造型师在尺码、身材、穿着感觉、预算等问卷信息基础上，根据顾客意愿给出试穿的造型建议。顾客还能使用语音功能直接与造型师沟通。造型师选好商品后，建议的商品和造型师的具体建议内容会以邮件形式发送至顾客邮箱，顾客只需挑选出自己喜欢的商品购买即可。此外，顾客还可以将自己外套的照片上传到平台，平台的“在线衣橱（online closet）”

功能会给出适合的搭配建议。

（3）AI 语音机器人

一款 24 小时全天候解答顾客关于服装、支付方法等提问的语音机器人。这款 AI 产品在与日本 IBM 合作开发的“沃森日语版”语音客服系统基础上添加了空色公司的“OK SKY”。

（4） 虚拟尺寸（Virtual size）

平台可将顾客有意向购买的外套和顾客自己的外套进行对比，以可视化形式展现两件衣服的差别。顾客可以自己输入自己外套的尺寸，也可以输入之前在“STRIPEDEPARTMENT”上购买过的外套，两种方式都能上传尺码信息。此举意在打消顾客对于网购时把握不好衣服尺寸的顾虑。

STRIPEDEPARTMENT 试图通过上述举措解决一直以来困扰时尚购物网站的“不能试穿”和“提供符合顾客需求的客服”难题。就试穿问题解决方案来讲，比较而言亚马逊更胜一筹，因为亚马逊的“amazon prime wardrobe”能供顾客试穿更多商品。

但是亚马逊没有“私人造型”“AI 语音机器人”“虚拟尺寸”功能。其中，“私人造型”和“AI 语音机器人”在美国非常受欢迎，但日本顾客是否买账却是未知，因此孰强孰弱需要静待后续发展。

此外，STRIPEDEPARTMENT 计划分析顾客购物时的搭配情况，如“T 恤的话搭配 A 品牌，裙子的话搭配 B 品牌，外套的话搭配 C 品牌”，并将分析结果提供给在平台上开店的服装制造商（当然如果平台的顾客数量不够，旧手机不足以支撑分析的数据，该计划可能破产）。

STRIPEDEPARTMENT 的集客能力自然无法企及亚马逊，但“私人造型”“AI 语音机器人”所体现出的“重视与顾客对话”理念非常具有先驱性。

对于其他竞争对象而言，STRIPEDEPARTMENT 借助科技的“科技 + 服饰”战略能否成功意义也很重大，值得持续关注。

column

亚马逊同时布局家具行业

除时尚行业外，另一项同样不适合电商的就是家居行业。特别是大型家具，重量沉，不能用普通的物流系统进行配送。配送时容易磕碰，需要大型货车以及两名以上的配送人员，因此配送成本很高。

此外，顾客在网上选购家具时往往对于尺寸大小没直观印象，不能想象家具摆在自己家中的效果，这不利于在网站上销售家具。但亚马逊却正是布局了家居电商业务，家具的网上销售市场快速扩大，预计今后将以 15% ~ 18% 的速度增长。家具电商取得了仅次于食品的高增长率。

2017 年 5 月，亚马逊公布了在美国建造 4 处家具配送中心的计划，同年还推出了自有家具品牌“Rivet”“Stone & Beam”，包括沙发、椅子、地毯、照明、装饰杂货等商品，免费配送，30 日内还能退货。

2017 年 11 月，亚马逊给购物应用程序中添加了新功能“AR View”，该功能采用了 AR（增强现实）技术。顾客在网站上选择中意的商品后，“AR View”将展示该商品摆放在自己房屋中的 3D 效果，供顾客把握大小、外观等（图 3-6）。

借助 AR 技术，顾客能够提前把握家具的摆放效果，从而打消之前的顾虑，放心在网上购买沙发、床等大件商品。亚马逊还希望通过此举减少“实物与网上效果不符”导致的退货，这点意义重大。

出处：http://www.youtube.com/watch?v=uhdQzpblrm0

图 3-6　运用 AR 技术的“AR View”购物功能

如此看来，这项举措与时尚电商业务通过试穿不断降低购物门槛有异曲同工之效，虽然大型家具的配送问题仍未解决，但借助AR技术降低退货率，且通过创收能力强的自有家具品牌保证利润的话，还是一笔很划算的账。

本章总结

（1）亚马逊布局时尚电商业务。

（2）冠名“东京时装周”，在东京品川成立全球最大的摄影工作室，建立时尚商品专用物流基地，种种动作表明亚马逊对待时尚电商业务是认真的。

（3）针对困扰时尚电商的“不能试穿”问题，分别给出解决对策。在日本，购买 30 日内包退货；在美国，收到商品后 7 日内可免费退货。

（4）亚马逊为推动时尚电商业务发展，在美国推出时尚助手“Echo Look”。

（5）亚马逊并未止步于单纯销售他人的时尚类商品，为赚取更多利润还积极打造自有品牌，就产品线而言，在 T 恤、内衣等基础款商品之外更是将目标瞄准了更具时尚特质的裙装、鞋品等。

（6）在日本，推出 ZOZOSUIT 的 Start Today、迅销、借助 AI 科技打“科技 + 服装”牌的 STRIPE INTERNATIONAL 纷纷构建对抗策略，目前胜负尚不明确。

（7）除时尚电商业务外，亚马逊也在正式布局家具电商业务，其战略是运用 AR 技术降低退货率，同时打造自有家具品牌确保高利润。

Death by Amazon

第 4 章

实体店存活的关键

——购物体验

“Apple Store”中的“Store”消失了

亚马逊一边布局实体店，一边积极进军时尚电商和家具电商等之前一直被认为不适合开展电商的领域。在这样的背景下，把实体店作为主战场的传统零售商想要生存，关键在于“购物体验”。

当今时代，基本所有商品都能在以亚马逊为典型代表的电商平台上买到，传统零售商必须得想办法吸引顾客进店。只有实体店能提供的“购物体验”是传统零售商与电商及其他线下竞争者划分界限的关键。特别是当前20岁到35岁的“千禧一代”，他们决定是否购买某商品时，商品本身好坏只是一方面，购物体验的好坏也是重要影响因素。

通过为顾客提供卓越的“购物体验”取得巨大成功的是苹果公司。该公司自2016年8月起逐渐去掉了店名“Apple Store”中的“Store”，日本国内的“Apple Store银座”“Apple Store表参道”已分别更名为“Apple银座”“Apple表参道”。

从名称变化中能够看出，苹果公司已经不再只把实体店单纯看作卖东西的“店面”，而是明确赋予了它销售之外更多的职能。苹果一直致力于为顾客提供不同于量贩式家电购物广场的全新购物体验。具体来讲，苹果公司在“不是推销产品，而是帮助顾客解决问题”理念指导下，设立技术服务区“Genius Bar”，推出专家建议、购买前免费试用、软件安装、私人化定制等服务。通过这些，苹果将产品与服务组合在一起，把实体店打造成了顾客体验品牌、解决问题的场所。其结果，苹果实体店单位面积的创收成功超越大牌珠宝蒂芙尼等，跃居世界第一（表 4-1）。

表 4-1　单位面积创收前几位的企业(美国)

序号	企业名称	单位面积的销售额	主要商品
1	Apple	5546 美元	智能手机、平板电脑
2	Generation Next Franchise Brands	3970 美元	冷冻酸奶的自动售货机
3	Murphy USA	3721 美元	汽油零售
4	Tiffany & Co	2951 美元	珠宝
5	lululemon athletica	1560 美元	运动女装

苹果修改名称的同时，2017 年 9 月表示要重新定义实体店的概念为“Town Square（社区广场）”，同年体现此概念的苹果零售店“Apple Michigan Avenue”在美国芝加哥开业。苹果认为店铺才是“最大的商品”，解释说这家 Town Square 融合了店铺和“教育中心”。具体来讲，这家店内开设有面向孩子的编程课，每天还免费开办摄影、音乐、游戏、程序开发等主题活动。苹果公司希望大量吸引人流，让人们自然而然接触自家商品，引导顾客购买。

2018 年 4 月开业的“Apple 新宿”就体现了苹果公司的新概念。店内每天免费开展“Today at Apple session”，具体包括艺术、设计、音乐、摄影、编程、活动等，任何人都能参加。此外还面向孩子推出了富有趣味性的实践项目，面向教师推出了进修课程，帮助教师将科技融入自己的实际教学中。

星巴克的新型旗舰店不卖咖啡卖体验

“星巴克卖的不是咖啡，而是体验。”

通过星巴克之父、2018 年 6 月宣布卸任星巴克董事长的霍华德·舒尔茨的这句话可以看出，一直以来星巴克是多么重视购物体验。霍华德·舒尔茨提出了有名的“第三空间”概念。所谓“第三空间”，指“不同于家庭和职场，让人能够全身心放松做自己的第三种空间”。

星巴克为打造顾客认可的第三空间颇花费心思，从店面装修、BGM（背景音乐）到盛饮料的杯子，无不用心。走进星巴克店里你是否发现，盛饮料的不是陶瓷杯而是纸杯，之所以这样做是因为星巴克考虑到陶瓷杯具会与杯托碰撞发出声音，打扰店内顾客。星巴克店内全面禁烟，有免费 WIFI，为延长顾客在店内的停留时间，星巴克想尽了办法。虽说餐饮业素来有“提高顾客流动率才是成功铁律”的说法，星巴克采用的战略却正好相反。

从定价来讲，一杯咖啡 300 ~ 400 日元，并不便宜。但是如果顾客能在星巴克店内度过轻松时光，作为等价支付这个金额顾客却能接受。

2014 年 12 月，位于美国西雅图的星巴克旗舰店“Starbucks Reserve Roastery&Tasting Room”（图 4-1）正式开业。这家店仿照

在店内观看烘焙工艺

咖啡筒仓内常年备有5种咖啡豆

出处：http://news.starbucks.com/news/ starbucks-reserve-roastery-coming-to-tokyo

图 4-1　Starbucks Reserve Roastery & Tasting Room 店内照片

2005 年上映的电影《查理和巧克力工厂》设计建造，总面积达 1394 平方米左右。店铺中心位置设有烘焙工场，加工从签约农户那里采购来的珍稀高档咖啡豆“Starbucks Reserve”。

为保证将珍稀咖啡豆的最好状态呈献给顾客，店里的咖啡师都接受过专业训练，顾客除了能在店内观看烘焙过程，还能品尝极致讲究的美味咖啡。楼下开设有“咖啡体验吧（Coffee experience bar）”，在那里顾客可以自由品鉴用不同方法冲泡的咖啡，还可以坐在吧台前听服务员讲解咖啡相关知识（图 4–2）。此外旁边还有图书室，里边藏有咖啡相关的图书，就算不是星巴克的粉丝也能在这里单纯享受咖啡的乐趣。

图 4–2　Starbucks Reserve Roastery & Tasting Room 楼下的“咖啡体验吧”

笔者曾经实际到访过那里，感觉上与其说它是咖啡馆不如说更像主题公园。当时已经是晚上 10 点钟，却依旧非常热闹，除了当地居民外还有不少看起来像游客的人群。

星巴克在日本拥有很强的品牌号召力，但在美国却面临与蓝瓶咖啡（Blue Bottle Coffee）、树墩城咖啡（Stump town Coffee）、诺斯特咖啡（Roasters Coffee）等对手的激烈竞争。因此，星巴克希望通过提供独特的实体店专属体验来不断提升顾客黏度。2018 年 12 月，星巴克将在东京的中目黑开一家同类店铺，这无疑会成为一大热议话题。

耐克店内出现篮球场

2016 年 11 月，耐克在纽约开的旗舰店极为重视购物体验，可以说是“体验性店铺”的典型代表。这家店面积约为 55000 平方英尺（约 5110 平方米），里面有大小相当于实物 1/2 的篮球场（图 4–3），供顾客确认足球鞋穿着感觉的绿色草坪，此外，跑步机前的显示屏不断放映不同景色，为顾客打造仿佛置身室外奔跑的感觉（图 4–4）。

顾客还能与耐克认证的运动员一起打篮球，跑步时跑步机的显示屏上会显示跑步速度及相关建议，耐克的环境让健身房都自愧不如。此外顾客运动时，多个摄像头会从不同角度进行拍摄，顾客回家后使用专用 ID 登录后便能查看自己运动时的视频。反过来讲，如果顾客没有耐克的 ID 将无法看到自己的视频，可以说这也是耐克吸引顾客的一种手段。

出处：http://news.nike.com/news/nike-soho-first-look

图 4-3　位于纽约 SOHO 地区的“Nike Soho”店内的足球试验区

出处：http://news.nike.com/news/nike-soho-first-look

图 4-4　位于纽约 SOHO 地区的“Nike Soho”店内的跑步机

当然，体验试验区的大前提是试穿耐克的篮球鞋、足球鞋、跑步鞋，其最终目的是促使顾客购买商品。为此，耐克有专门员工负责分析拍摄下的跑步形态、跑步速度等数据，进而推荐最适合顾客的鞋。相较于一般店铺受限于面积（半径3米左右）试穿效果不佳，耐克此举可谓一项划时代的尝试。做到这种程度，已经很难说清其目的是销售商品还是顾客体验了。这种程度的体验，电商无论如何是没办法做到的。

晚于耐克几个月，阿迪达斯也在纽约推出了重视体验型的巨大旗舰店，这家店仿照体育场设计，走过类似隧道的入口后会看到大片绿地，跟耐克一样，顾客可以穿上阿迪达斯的鞋在草地上自由试穿。此外，试衣间做成了运动员更衣室的样子，也花了不少心思。

由体育用品公司主导的此类体验型零售店要求店面足够大，因此只能开设旗舰店。然而旗舰店开业后马上引发热议，可以说已经充分实现了提供实体店专有体验、招揽顾客的目的。

没有库存的百货商店 Nordstrom Local

在传统百货商店接连倒闭的百货商店行业，美国 Nordstrom 的新店铺战略备受瞩目。2017 年 10 月，Nordstrom 在加利福尼亚州的西好莱坞开了一家新店——“Nordstrom Local”，面积只有 300 平方英尺（约 280 平方米）。Nordstrom 以往店铺的平均面积为 14 万平方英尺（约 1.3 万平方米），新开业的“Nordstrom Local”面积只有以往的 1/50，它的特点是没有库存，专注于服务。

店内设有吧台，私人造型师随时恭候，顾客可以坐在吧台旁一边喝饮品（葡萄酒、果汁等），一边免费跟造型师咨询，请造型师为自己选择预算范围内适合的商品。虽然店内没有库存，但是照样有8个试衣间，供顾客尽情地试穿衣服、试戴饰品等。遇到中意的商品后，百货商店会确认洛杉矶的其他店（以往传统规模）中是否有货，如果有货将直接寄送到顾客家中。

实际上在美国，一方面传统零售店在关闭，另一方面也出现了开小型零售店的潮流征兆。比如本书第1章中谈到过的Abercrombie & Fitch，2017年关掉39家店，新开7家试点小型店，缩小了16家店的规模。小型店的优势在于方便管理库存、单位面积销售额高。该公司2018年第二季度的销售额增长了3%。

小型店浪潮也席卷了日本，2016年10月，西装零售老店库纳佳推出的新品牌“DIFFERENCE”就是小型店，一时引发众多关注。DIFFERENCE是一个西装定制品牌，专注于西装定制。顾客第一次定制时需要用手机提前预约到店时间，去店里后裁缝测量顾客身体尺寸，选好布料下单后只需大约两周时间衣服就邮寄到顾客手中了。之后顾客再次定制服装时，如果尺寸没有变化就不用再去实体店，直接网上下单即可。

引人注目的是，与传统量贩式西装零售店相比，DIFFERENCE的单位面积销售额遥遥领先。一般男装连锁店每坪①的年销售额约为100万～200万日元，而DIFFERENCE店铺每坪的年销售额超过了1000万日元。

---

① 日本1坪=3.30378平方米

在成品服装零售业中，库存规模影响销售额。不同于此，服装定制没有库存，店面只要足够用来测量尺寸、摆放布料样品就行。

虽然小型店需要努力提高自身的品牌知名度，但却更适合国土面积狭小的日本，特别是中心城市。本书第 1 章中介绍过非电商类知名零售商布局小型店的例子，今后这种情况还将增多。

数字技术如何提升购物体验

前文介绍了美国企业提升购物体验的案例，其中包括苹果、星巴克、耐克、阿迪达斯、Nordstrom。他们的共同点在于都不将零售店简单定义为商品卖场，而是赋予其其他功能，借此为顾客提供不同于传统店铺的新型体验。

除此之外，借助科技手段也能提升购物体验。具体而言，智能手机、IC 标签、智能摄像头、VR（虚拟现实）、AR（增强现实）等技术都能有效提升顾客购物的便利性。

接下来具体介绍几家致力于通过科技提升购物体验的企业。

数字化的 ZARA

2018 年 1 月，源自西班牙的快时尚服装品牌 ZARA 限时推出无库存门店“Zara click and collect”，这家店位于紧挨伦敦奥运会主会场的购物中心“Westfield Stratford City”内部。由于没有库存商品保存区，店里的商品陈设很宽松。

在店内，顾客可以确认服装材质、进行试穿，遇到中意的商品后可通过店员随身携带的手机终端在线下单，同时完成支付。下午 2 点钟前下单，商品可当天送达；下午 2 点钟后下单次日送达。就像店名“click and collect”的字面意思所示，顾客能在店里领取线上下单的商品，进行退换货。

值得特别提到的一点是店里的镜子中加入了商品推荐系统。该系统使用 IC 标签技术，顾客扫描商品的 IC 标签，系统将自动筛选出与之搭配的其他商品。比如扫描一件衬衫的 IC 标签，系统会自动选出适合与它搭配的短裙、外套、饰品等，显示在镜子中。

“click and collect”的营业时间只有 5 个月，开到 2018 年 5 月。但它所在的购物中心内又开了另一家面积 4500 平方米的 ZARA 门店，这是一家店内有库存的传统型零售店，除销售女装、男装、童装外还开辟了网购取货区，供线上下单的顾客在店内取货。

改装后重新开业的 ZARA 门店推出“变革顾客购物体验”的概念，科技占据其的中心位置。网购取货区很好体现了“线上线下融合战略”，可以说是变革中备受关注的一环，顾客可以随时在这里取走自己在 ZARA 网店下单的商品。

具体而言，顾客打开手机应用，在线下单后收到 QR 码或 PIN 码，取货区的读码器读取 QR 码或 PIN 码后两台机器人马上从仓库中找出相应商品，只需几秒钟就能交到顾客手上。

以前，人们在领取商品时，或需要打印邮件或需要出示手机上的邮件。后来伴随着智能手机越来越普及，顾客购物体验不断提升，不但不再需要打印，出示邮件时也不再像以前一样需要翻找邮件了。

退换货也非常智能，顾客只需打开应用中相应商品的订单记录，出示二维码即可。

2018 年 ZARA 在日本东京的六本木 Hills 也推出了 Showroom 型限时体验店，店面共两层，约 800 平方米，设有 16 个试衣间，全部导入了科技感十足的全新试穿系统。

顾客进店前预先下载好 ZARA 的手机应用，如果看到中意的商品可当场扫描吊牌上的二维码（图 4–5），手机应用上将显示此商品，选择尺码后加入购物车。如果想试穿，可以在应用中选择“试穿”选项，系统将自动显示试衣间需等候的时间，一切就绪后系统通过应用程序通知顾客进试衣间试衣。

出处：http://www.zara.com/jp/

图 4–5　六本木 Hills 内 ZARA 限时体验店的试穿预约系统

此系统的好处在于，顾客可以空手去试穿，人多的时候也不用在试衣间外面排队，等候期间可以在店内转转其他商品。顾客接到通知后空手进试衣间即可，想试穿的商品（指定的尺码、颜色等）已经提前在试衣间里放好了。

试穿后如果想购买，有当场取货和邮寄两种选择，下午 1 点钟之前购买可以当天下午 6 点钟后在店内取货，也可以选择邮寄方式空手离店。

丝芙兰（SEPHORA）打造专属美妆体验

美国最大的美妆零售商丝芙兰是一家非常热心于数字化创新的企业，该企业目前已开发出“Color IQ”（图 4–6）“Fragrance IQ”等数字化工具。

Color IQ 由丝芙兰与色彩权威机构潘通（PANTONE）联合开发，该系统在诊断顾客肤色基础上为每位顾客挑选店中最适合自己的唇膏、粉底、遮瑕霜等美妆产品。例如，顾客选购唇膏时，系统会从店内约 3500 种唇膏商品中挑选出最适合其肤色的一款；顾客挑选粉底时，系统会从丝芙兰店内约 400 种同类商品中选出最适合顾客肤色的商品。

Fragrance IQ 是一款供顾客轻松体验多种香味的工具，一般而言，人在试闻了几种香味后会感到头疼，很难一下试用多种香水。Fragrance IQ 采用与初创公司合作开发的“系统”，轻松解决此问题，让顾客可以体验多达 18 种香味。

除此类数字化工具外，丝芙兰还推出了新型概念店。店铺名叫“丝芙兰工作室（SEPHORA Studio）”，2017 年 7 月开业，位于美国波士顿的 New Barry Street，是一间总面积约 185 平方米的小型店铺。店内只设有 8 个坐席，丝芙兰认证的高级美妆顾问（Store concierge）随时待命，旨在为每位顾客提供周到的美容服务。

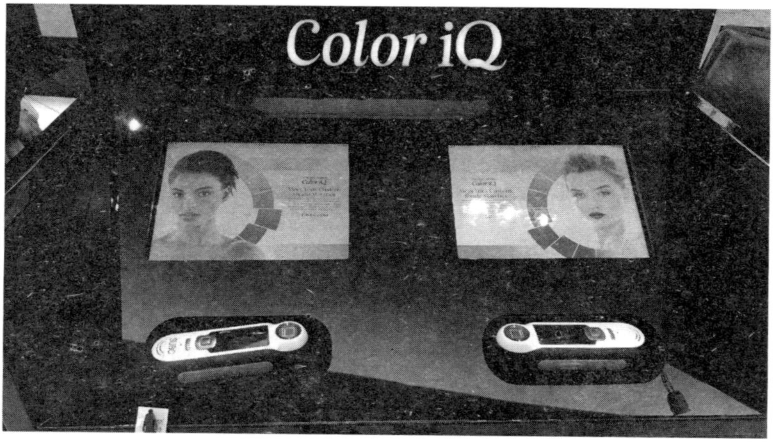

将检测仪贴在额头、脸部、颈部即能检测肤色

图 4–6 丝芙兰的“Color IQ”

顾客可以使用丝芙兰官网、手机应用、脸书等自己喜欢的途径提前预约坐席（也可指定特定的美妆顾问）。美妆顾问随身携带移动设备，随时接受顾客预约，查询已接待顾客记录，搜索公司商品的顾客评价等。

顾客到店后第一步先使用护肤困扰调查工具“护肤 IQ 测试（skin care IQ quiz）”、测试肤质（干性肌肤、油性皮肤等）的“测量仪（Moisture meter）”等丝芙兰推出的数字化工具，充分认识自身当前的皮肤状况，美妆顾问针对顾客的皮肤情况推荐最适合的商品，之后顾客可以接受“Custom makeover 45分钟”“mini makeover 15分钟”等美容服务。

其实，丝芙兰这家概念店真正卖的是美容服务“Custom makeover plus”，美妆顾问在充分听取顾客意愿基础上提供长达75分钟的护肤、彩妆咨询服务，他们一边使用“Color IQ”等数字化工具，一边为顾客带来细致周到的美妆服务。

美妆顾问充分了解顾客皮肤状况，在此基础上有针对性地为每位顾客提供美妆服务，这类购物体验是电商无法提供的，可以说丝芙兰巧妙地创造了吸引顾客进店的动力。

瑞贝卡·明可弗（Rebecca Minkoff）通过智能穿衣镜革新购物体验

因名人御用包包而名声在外的服装品牌瑞贝卡·明可弗导入名为“Smart Mirror”的整面触屏式智能穿衣镜，掀起购物体验革命。“Smart Mirror”由位于圣弗朗西斯科的初创企业Oak Labs开发，瑞贝卡·明可弗位于纽约、洛杉矶、圣弗朗西斯科的3家店均已导入此智能穿衣镜，安装在店内和试衣间。

店内放置的“Smart Mirror”像智能手机一样，屏幕是触屏的，顾客可用它确认商品的详细信息，还可以在上面输入自己的手机号码，之后店员会端来茶、咖啡、香槟等饮品。输入手机号码的一个用途是当试衣间空闲后或饮品准备好后系统能及时通知顾客，另一个用途是事后向顾客发送其试穿过的商品信息。

试衣间内的“Smart Mirror”功能与店内的有所不同，顾客拿着中意的商品进入试衣间，智能穿衣镜将自动显示此商品信息，因为每件商品上都贴有 IC 标签。如此一来，顾客能第一时间确认不同尺码、不同颜色的同款商品是否有货，还能从显示屏上看到与试穿的衣服相搭配的其他商品推荐。顾客想试穿其他尺码或颜色的同款商品时，无须找店员要，只要在镜子上提出申请，随身携带移动终端设备的店员就会接到通知并及时把相应商品交到顾客手中（图 4–7）。

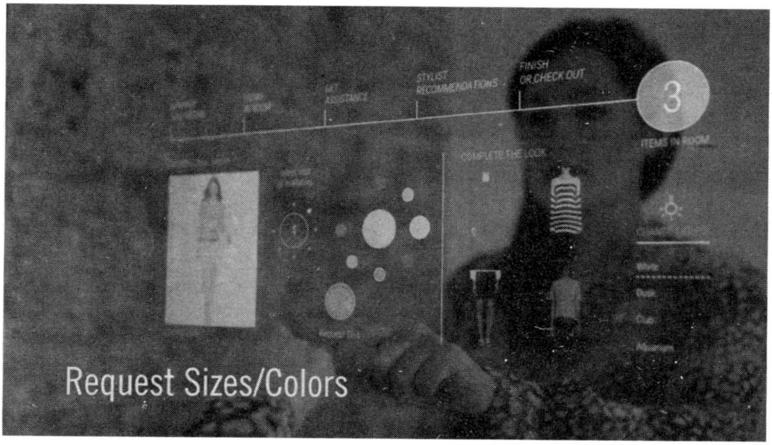

出处：http://www.youtube.com/watch?v=hEmh1uPPVik

“Smart Mirror”除了可以用来确认不同颜色、尺码的同款商品是否有货，顾客想试穿其他尺码或颜色的商品时还能通过“Smart Mirror”下达通知，店员接到通知后及时将相应商品送到顾客手中。

图 4–7　瑞贝卡·明可弗导入的“Smart Mirror”

顾客还能通过“Smart Mirror”选择试衣间内不同的照明效果。“试衣间里衣服的颜色看着挺好的，一旦走到自然光的室外或走进昏暗的餐厅颜色就不对了”，购物时经常发生此类情况，“Smart Mirror”可有效解决此问题。

瑞贝卡·明可弗导入智能穿衣镜“Smart Mirror”后效果显著，西装的销售额比预想高出约3倍，进入试衣间的顾客中30%都同时购买了其他商品。此外，采用IC标签后还能收集到大量数据，比如，什么样的商品被顾客拿进试衣间最终被购买，顾客最终没有购买的是什么样的商品。店铺在商品进货时可以参考此类数据分析结果。

瑞贝卡·明可弗公司计划今后还将针对留过电话号码的顾客开展顾客关系管理（CRM），比如将来顾客一进店，店员随身携带的移动设备上就能接到顾客来店通知，同时显示此顾客喜欢的饮品、曾经的购物记录。该功能可以辅助店员更好地接待顾客。当然这么做的前提是征得顾客同意，据瑞贝卡·明可弗公司介绍，使用“Smart Mirror”获得过良好购物体验的顾客基本对此不感到反感。

劳氏（Lowe's）借助VR降低DIY门槛

继家得宝（The Home Depot）之后，2017年3月，美国第二大家装建材零售商劳氏公司在其位于波士顿和加拿大的部分店面内推出VR间“Holoroom How To”，顾客在那里可以借助VR（虚拟现实）技术学习怎样开展DIY（Do It Yourself）。

国人一般将家装工作委托给专门的装修公司，与此相对美国向来有 DIY 的传统，美国人更多地是自己买装修材料、自己做。在美国，出售家装材料、家装工具的店比较多，到处都有大型建材零售店。

以前劳氏曾经录制家装教程小视频（如怎样贴瓷砖等），投放到 YouTube、脸书等上边，但效果并不理想。大家看过视频后以为自己已经掌握家装技能，但实际动手时往往并非如此。因此，劳氏将视线投向了 VR，希望借此技术有效教授 DIY 方法，进一步提升销售业绩。

“Holoroom How To”包括头戴式 VR 设备和手部动作识别器“Vive”（HTC 公司产品）。第一步是“给浴室贴瓷砖”。首先“用工具搅拌桶中的水泥”，然后“把水泥涂到墙上”，此后“把瓷砖贴在水泥上面”，最后“用海绵把瓷砖间挤出的水泥擦掉”。借助 VR 技术，用户可以体验这一系列的操作（图 4–8）。

乍看起来很难的操作，通过 VR 技术模拟体验一番后，用户心理上会觉得“自己也能做到”。零售店希望通过这种方式降低顾客的心理门槛，最终落脚到增加 DIY 商品销量上。

除了 VR，劳氏还致力于有效应用 AR 技术（增强现实）。2018 年 3 月，劳氏面向安卓手机用户推出应用“Viewin Your Space”（图 4–9）。顾客首先在劳氏的手机 APP 中选择商品，然后用手机拍摄预计摆放此商品的位置，几秒钟后画面中该商品就摆放在了相应位置。此后顾客还可以拖拽商品在画面中的位置，自行进行调整。

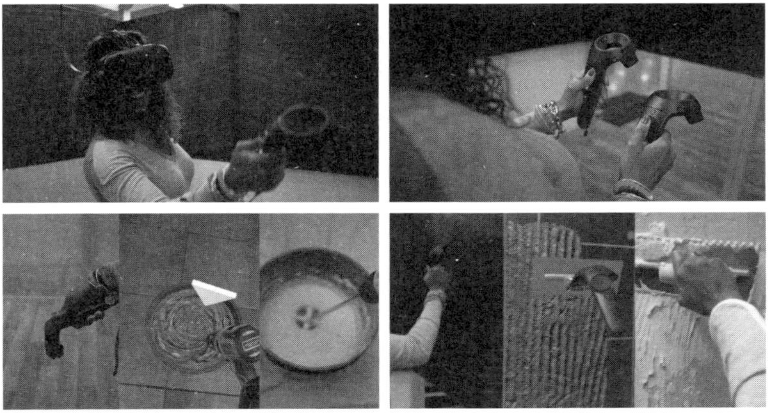

出处：http://www.lowesinnovationlabs.com/holoroomhowto

借助 VR 控制器，模拟搅拌桶中的水泥，将水泥涂在墙上。

图 4–8　劳氏供顾客模拟体验 DIY 的“Holoroom How To”

出　处：http://newsroom.lows.com/fresh–thinking/virtually–view–lowes–spring–collection–n–your–backyard/

通过 AR 技术，网站上的商品宛如实际摆放在了家中（上图中模拟了将烧烤工具摆在家中的院子里）

图 4–9　劳氏的 AR 应用“Viewin Your Space”

顾客可以确认商品的大小是否适合放置在预定位置，颜色与周围环境是否和谐。如果对商品感到满意，可以直接在劳氏 APP 中下单购买。

其他案例

前文介绍了以美国为主的海外事例，其实日本也有不以单纯销售商品为目的，而将重心放在购物体验上的零售店。

（1）阿迪达斯通过分析数据帮顾客选鞋

阿迪达斯于 2016 年 3 月在位于日本东京涉谷的直营店“adidas brand core store 涉谷”内开设了“RUN LAB TOKYO”，通过最新科技和专业服务为顾客带来全新跑步体验。

比如，“RUN GENIE”分析跑步者跑步时足部的着地点和倾斜度，有针对性地为每位顾客推荐跑步鞋。“RUN GENIE”的传感器绑在鞋带上，顾客走一定距离后传感器开始收集运动数据。工作人员详细了解顾客的跑步习惯和目标后结合数据分析结果为顾客推荐最适合的跑鞋。

此外，阿迪达斯还推出了影像体感型活动“Urban Run Experience”，大型显示屏上投放着充满立体感和现场感的画面，供顾客体验不同跑步场景。

（2）TACTIVE 通过教授课程销售乒乓球用品

TACTIVE 在日本国内的自由丘、涉谷、横滨等 9 处开设了乒乓球培训学校，该公司 2017 年 11 月在“sogo 千叶店 JUNNU”开的“TACTIVE 千叶店”中配备了 6 张乒乓球台，参加过国家级赛事或曾有过获奖经历的专业教练员在店内教授个人课程或团体课程。

培训学校内部开设了乒乓球用品展示区，顾客能在这里买到不同品牌的商品。拥有丰富经验和专业知识的教练员在与顾客打球的过程中掌握顾客的打球风格、打球速度等情况，然后有针对性地为顾客推荐最适合的体育用品。

根据“抽球为主的进攻型”“削球为主的防守型”等战术风格的不同，市面上有各种球拍、胶皮。同一种胶皮也会细分为不同的厚度（薄、中等厚度、厚、极厚等），初级和中级消费者往往对此感到眼花缭乱，无从选择。然而，球拍与胶皮组合的好坏又会直接影响打球速度、旋转度等，选好打球工具非常重要。因此，了解顾客打球习惯的专业教练为其推荐最适合的工具这一做法，对于顾客来讲是件大好事。

column

向亚马逊发起价格战的实体店

一般来讲，亚马逊的商品价格普遍低于其他零售商，基本上竞争对手无法在价格上与之抗衡。即便如此仍然有企业挑战亚马逊的价格优势，凭借这点生存下来，它就是英国最大的家电零售商 Dixons Carphone，尽管英国的情况与美国基本相同，亚马逊严重冲击其零售业。

Comet 等家电零售商在与亚马逊的竞争中败北，濒临倒闭，但 Dixons Carphone 在这样的大环境中却保持了业绩的持续增长，手机、洗碗机等多种商品的市场份额不断扩大。

Dixons Carphone 公司成立了专门的价格监控团队，随时监视 10 万多家竞争对手的价格。亚马逊的定价经常变动，为此，Dixons Carphone 的价格监控团队需要一天内多次确认其最新价格并及时调整自家实体店内同类商品的价格，以确保自己的价格始终低于亚马逊。

Dixons Carphone 的店员随身携带移动终端设备，向顾客展示亚马逊等竞争对手同类商品的定价，从而具体展示自家商品的价位优势。此举可有效打消顾客“货比三家”的念头，帮助顾客在实体店确认过实物后当场做决定，直接购买自家商品。

然而，Dixons Carphone 的这项战略不禁让人担心它是否有足够体力与亚马逊长期开展此类低价竞争。对此，Dixons Carphone 的做法是，用手机维修、PC 设置、电脑使用教程等付费服务的收入来弥补低价造成的利润差额，防止利润下滑。其实，该公司 2016 年度超过 50% 的利润都是由这些附加服务创造的。

除低价优势外，Dixons Carphone 还致力于提升顾客的购物体验，该公司在咖啡机的卖场旁边特意开设了 Nespresso 运营的咖啡馆，顾客可以当场品尝到 Nespresso 的咖啡。

本章总结

（1）以实体店为主要战场的零售商谋求生存时绕不过的关键词是“购物体验”。

（2）所谓“购物体验”应该是实体店特有的体验。实体店要凸显与电商的差异，需要创造条件，引导顾客主动走进店里。

（3）苹果、星巴克、耐克等美国知名企业争先恐后开设旗舰店，将购物体验落到实处。

（4）要提升购物体验，主要得有效运用智能手机、IC 标签、智能穿衣镜、VR、AR 等科技手段。ZARA、丝芙兰、瑞贝卡 · 明可弗、劳氏等在分别进行富有自身特色的组合尝试。

Death by Amazon

第5章

亚马逊极大降低购物门槛

“认知”“收集信息”“比较研究”“购买”“重复购买”，顾客从知道商品或服务到最后购买，再到重复购买，这一过程被称为“客户旅程（Customer Journey）”。目前为止，在购买、重复购买过程中，客户旅程的主要渠道是实体店和线上（PC 端、移动端）。但亚马逊 2015 年 3 月末在美国推出可进行日用品一键下单的小型终端设备“亚马逊 Dash 按钮”以及能够语音下单的智能音箱“Amazon Echo”（2014 年 11 月在美国面世），这些设备革新了购买和重复购买的渠道，成为新型数字化渠道（图 5–1）。

亚马逊的 Dash 按钮非常适合重复购买日用品

以前顾客在亚马逊上购物时或需要使用 PC 登录亚马逊网站，或需要使用智能手机登录亚马逊 APP，在里面搜索想购买的商品，做决定，然后点击“购买”键购买。但是顾客使用亚马逊 Dash 按钮，只需按一下按钮就能轻松购买按钮所对应的商品。

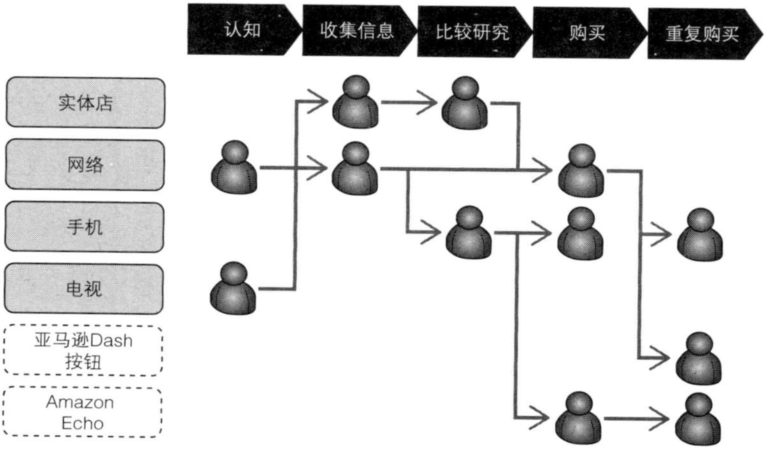

图 5–1　客户旅程与渠道间的关系

亚马逊 Dash 按钮具有 WIFI 功能，是一种像橡皮大小的通信终端，表面印有亚马逊日用品的商品 logo，Dash 按钮与该商品是一一对应的（图 5–2）。

使用亚马逊 Dash 按钮需要先完成初始设置。首先在亚马逊的手机应用程序中使用蓝牙同步 Dash 按钮和手机，让 Dash 按钮连接到家里的 WIFI 网络。然后在应用程序中显示的商品清单中选择一件与按钮相对应的商品，这样就完成了初始设置。此后顾客无须使用智能手机，按 Dash 按钮就能下单了。

出处：https://www.amazon.co.jp/Amazon-JK29LP-サントリー天然水-Dash-Button/dp/B01L2WOYT2

只需按下按钮就能把心仪的商品买到手。图为“三得利矿泉水的 Dash 按钮”。

图 5-2　亚马逊 Dash 按钮

将亚马逊 Dash 按钮贴在洗衣机、冰箱等上边，顾客可在按钮所对应商品（洗衣液、矿泉水等）即将用完时一键下单。根据亚马逊规定，只有亚马逊 Prime 会员才能使用 Dash 按钮，下单的商品能很快到货。顾客下单后，会在亚马逊的应用程序里接到通知，可进行变更数量、取消订单等操作。顾客下单后，在订单结束前不能重复下单，这样的设置能有效防止孩子恶作剧，避免多次重复下单的情况发生。

使用亚马逊 Dash 按钮的商品多为日常消耗品，关键的一点在于，其中的大部分都是顾客不需要深入研究即可下单购买的商品。也就是说，相当于省掉了“客户旅程”中的“认知”“收集信息”“比较研究”环节，这类商品对于顾客来讲不必犹豫，无须进行大量比较，只需按一下按钮购买即可。比如，饮料、洗衣液、卫生纸等商品都属于此范畴，这些商品基本每天都会用到，用完后需要马上补充。亚马逊 Dash 按钮尤其适用于那些沉重不好搬运的商品，顾客轻松按下按钮即可享受快速配送服务，非常方便。

另一个重要的关键点是亚马逊 Dash 按钮改变了亚马逊与商家之间的关系。以前亚马逊凭借自身优越的集客能力和销售能力强迫商家或供应商让利。而且，亚马逊有别于乐天那种商城型电商卖场，商家在亚马逊平台上很难自我展示，顾客往往只通过价格这一项来评价商家。

但是，亚马逊 Dash 按钮上印有商品的品牌 logo，就算亚马逊不情愿，顾客还是能看到商家 logo，这对于商家而言可以起到很好的广告推广效果。此外，正如前文介绍过的，按钮与商品一一对应，如果顾客想购买别的商品需要拿到其对应的亚马逊 Dash 按钮。因为更换亚马逊 Dash 按钮的成本很高，这对商家而言无疑意味着套牢用户。这些都是以前在亚马逊上开店享受不到的好处。

亚马逊 Dash 按钮本身的价格是 500 日元（约折合 30 元人民币），根据规定，顾客首次使用亚马逊 Dash 按钮下单可减免 500 日元，相当于顾客免费得到亚马逊 Dash 按钮。这一招非常妙，为什么这么说呢，对价格比较敏感的顾客为争取 500 日元的减免额，就算亚马逊 Dash 按钮的初始设置比较麻烦也会耐着性子完成。

亚马逊一旦引导顾客完成初始设置接下来就顺风顺水了。亚马逊 Dash 按钮所对应的商品基本是消耗品，所以首先不存在“不买”这一项。商品用完后只需按下按钮就可购买，没有比这更便捷的下单方式了。其实，在最先推出亚马逊 Dash 按钮的美国市场，不少商品通过 Dash 按钮完成的订单在全部订单中的占比已经超过 50%。亚马逊 Dash 按钮本身确实是专门用于重复下单的专门渠道，但它同时更是直接连接亚马逊与顾客的渠道。

新渠道“语音商务（Voice commerce）”

Amazon Echo 搭载了亚马逊的语音识别系统 Alexa，用户只需像跟家人或朋友说话那样对着机器讲话，就能听到天气预报、新闻或音乐，还能在亚马逊的电商平台上购物。如果用户使用具有智慧家居功能的升级版“Amazon Echo Plus”，还能通过语音控制电视、空调、电风扇等。

亚马逊一直在摸索如何让下单更便捷，之前推出了“一键下单（One Click 下单）”等让下单更简化的功能。顾客使用一键下单功能，只需事先设置好必要项，按下按钮即可下单。Amazon Echo 也可用于购物，这极大简化了下单的方法，意在提升电商销售业绩。

用户使用 Amazon Echo 购物时，首先需要跟机器讲话，说明意图。比如，“Alexa，我要购买洗发液”。然后，Alexa 快速搜索该用户此前购买洗发液的记录，找到后逐条读出商品名称和价格，并询问用户是否重复购买。如果用户决定重复购买此前买过的商品，可以回答机器“购买”或“可以”等，下单至此完成。

消费者如果只想稍微买点儿东西，这时特意去打开电脑、登录网站，或打开手机应用都显得过于麻烦。如果使用房间内的 Amazon Echo，只需几句话就能轻松完成购物，这极大降低了消费者购物的门槛。当然，部分价格敏感群体会更喜欢商品价格比亚马逊低的其他超市或批发市场，但是他们会权衡购物所花时间与价格的平衡比例，会考虑其他超市或批发市场的低价程度是否值得自己耗费时间专门跑一趟。

可以认为，亚马逊推出 Amazon Echo，意在实现以下三步走：第一阶段，提升语音下单类营业额；第二阶段，增加“Amazon Music Unlimited”等服务的创收；第三阶段，扩大智慧家居类仪器的销售（图 5-3）。不难推测，为了尽快普及 Amazon Echo 设备，亚马逊在初期会部分让利，它将赌注押在未来 Amazon Echo 创造巨大收益的可能性上。

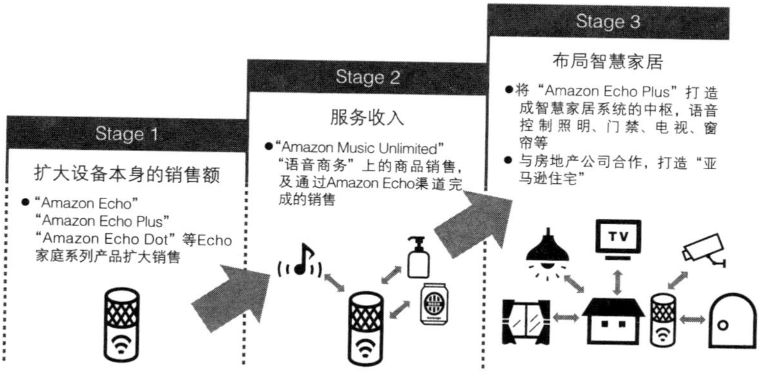

图 5-3　未来与 Amazon Echo 相关的商务版图

其实，2017 年 7 月，亚马逊在美国开展“Prime Day”时就曾半价销售 Amazon Echo。此外，还与美国的房地产公司联手推出了使用 Alexa 控制室内电视、照明、恒温器、窗帘的样板间。

近年来，语音识别技术的识别精确度快速提升，Amazon Echo 集合了众多语音识别领域的最新科技。例如，它上边装有 7 个麦克风，能追踪说话者的方向，分离话音和杂音，即便在嘈杂环境中也能精准识别讲话内容。此外，就算讲话者远在 6~9 米外，Amazon Echo 也能正确识别。

美国亚马逊网站率先出售 Amazon Echo，网站上相关评论多达 6.9 万条左右，而且好评居多，满分 5 分的情况下，平均得分高达 4.4 分。2017 年 11 月 Amazon Echo 在日本发售，最初采用邀约制，只有接到亚马逊邀请邮件的人才能购买。2018 年 3 月起开始面向普通大众销售，现在谁都可以购买了。截至 2018 年 6 月末，日本亚马逊网站上关于 Amazon Echo 的评论量达到 1400 条，其受关注程度可见一斑。

什么是“Alexa Skill”

2015 年 6 月，亚马逊开始免费对外界提供语音识别服务“Alexa”（Amazon Echo 的核心）的 SDK（软件开发 Kit），积极实施合作伙伴战略。开发者无须掌握语音识别、自然语言处理等专业技能，只要将自己公司的网络服务与之对接，即可开发出适合 Amazon Echo 语音环境的新服务。

使用 SDK 开发的外部服务叫“Alexa Skill”。2015 年 6 月亚马逊在美国公开 SDK 以来，Skill 数量持续增长，在 1 年后的 2016 年

6月达到1000款，仅3个月后数量超过3000款，等到2017年2月，时间仅仅又过去了5个月，Skill数量就突破了1万款。此后Skill开发的热度不减，2017年9月达到2万款，2018年3月突破3万款。

至此，各行各业的企业纷纷加入Alexa Skill开发大军，其中包括大型银行Capital One（Capital One Financial Corp，美国第一资本投资国际集团）、比萨外卖连锁店达美乐（Domino's Pizza）、美国大型咖啡连锁品牌星巴克（Starbucks）、开发了可穿戴式活动量测量仪的Fitbit、大型电子公司三星（SUMSUNG）、打车平台优步（Uber）等。比如Capital One的Alexa Skill，用户绑定自己的银行账户后Amazon Echo会语音播报该用户最近的交易信息、住房贷款的余额、下次付款日及预计付款金额等信息。再比如星巴克的Alexa Skill，事先设置好店铺和商品信息后，用户对Amazon Echo发出指令，"Alexa，告诉星巴克我要按照老规矩下单"，就完成了一次星巴克下单。用户之后到特定的星巴克店里直接取走自己的商品即可，无须排队。当然，用户可以随时修改这里所谓的"老规矩"。

在日本，截至2018年6月，已经有700多个Skill被开发出来，其中娱乐性Skill非常受欢迎。比如，能听广播的"Radiko.jp"、能跟皮卡丘聊天的"皮卡丘talk"、使用全国铁路站名做接龙游戏的"车站接龙（駅しりとり powered by 駅すぱあと）"等。最近，实用性更强的Skill也开始受到大家青睐，比如，播放英语听力题的"ARUKU的英语谜题（アルクの英語クイズ）"、教授用特定食材做出美味菜肴的"cookpad（駅しりとり powered by 駅すぱあと）"、

播报股市上午和下午概况及市场策略师或经济学家简要点评的“野村证券”（表 5–1）。

Alexa 的语音识别功能不仅可放进软件，也可以放进硬件里。比如 GE Appliances 公司针对亚马逊的 Alexa 开发了名为“Geneva”的 Skill。该公司正致力于生产能联网的冰箱、微波炉、烤箱、洗碗机、洗衣机等“IoT 家电”，这些家电一经与 Alexa 结合，人们便可以通过声音控制它们。例如使用洗碗机时，用户可以向 Alexa 发问，“Alexa，问问 Geneva 什么时候能洗好碗。”使用烤箱时，用户可以下达指令，“Alexa，告诉 Geneva，烤箱的预热温度设为 350 度”。当人们的双手正忙于其他事情难以分身时，该功能的意义格外重大。

亚马逊进一步放宽视野，考虑引导顾客通过具有语音识别功能的家电下单购物，增加销售额。其实，韩国 LG 公司开发的具有 Alexa 功能的冰箱已经在与亚马逊的生鲜配送服务“Amazon Fresh”开展合作。比如用户打开冰箱后发现没有牛肉了，可以语音命令冰箱，“Alexa，买一斤牛肉”。当天牛肉就能送到用户家中。

表 5–1　Alexa Skill 排名（2018 年上半年）

顺序	Skill	概要
1	Radiko.jp	能收听所在区域内播放的广播
2	皮卡丘 talk	能跟皮卡丘聊天
3	车站接龙	使用全国铁路站名做接龙游戏
4	小知识（豆しば）	每天教授一点小知识
5	ARUKU 的英语谜题	托业考试形式的英语听力题
6	卡拉 OK JOYSOUND	以卡拉 OK 的方式播放 JOYSOUND 上的热曲

续表

顺序	Skill	概要
7	cookpad	教授某一特定食材的基本做法、菜谱
8	波之音	播放海浪拍岸的声音
9	Hey MIKU！	能听“初者未来”唱歌
10	野村证券	播报股市上午和下午的概况、经济学家的简短评论
11	找手机	能让自己的手机响铃
12	雅虎天气 / 灾害	播报日本全国的天气预报和灾害警报
13	雅虎新闻	播报最新的新闻
14	JR 东日本 列车运行表	播报 JR 东日本管辖范围内的列车运行情况
15	百人一首	朗读百人一首
16	kikutan	朗读 ARUKU 的英语词汇教材“kikutan”中的一部分
17	528 极治愈音乐	播放治愈系音乐，名称中的“528”来自于“528Hz”
18	快速入眠	播放舒缓的波涛声和 BGM，助人进入睡眠
19	LinkJapaneHome	可语音控制家电
20	运行情况	播报列车延误时间等运行信息，并提供对策信息

统计区间：2017 年 11 月 13 日—2018 年 4 月 30 日

出处：httpS//www.amazon.co,jp/b?ie=UTF8&node=5736230051

语音助手会给零售业带来什么

其实笔者自己也在用 Amazon Echo，就现状而论，Amazon Echo 能语音播报商品特征、价格，用于重复购买完全没问题。但是，一旦用户想购买之前没买过的商品，还是需要在 PC 端或手机上登录亚马逊商城，因为 Amazon Echo 没有显示界面。

针对该问题，亚马逊自 2017 年 6 月起开始发售带有 7 寸触摸屏的“amazonechoshow”，该触摸屏有多种功能，播放音乐时上边显示歌词，播报行程安排时上边显示日历，购物时除语音外上边还会同时显示文字、视频等，多方面介绍商品。亚马逊此举可能会加速语音商务的普及。

2018年1月，全球著名的咨询公司——凯捷咨询（Capgemini）发布了一份名为《会话型商务》（*Conversational Commerce*）的报告，内容颇有深意。凯捷公司以美国、英国、法国、德国4个国家的5000名受调查者为对象开展问卷调查，在此基础上分析语音助手的未来发展动态。该调查报告的要点如下：

·51%的消费者已经在使用语音助手。

·在所有使用语音助手的用户中，使用手机语音助手（比如谷歌的“Google Assistant”、苹果的“Siri”、微软的“微软小娜/Cortana”）的占81%。

·在所有使用语音助手的用户中，使用Amazon Echo、Google Home等语音硬件设备的占25%。

·40%的调查对象回复“3年内，会使用语音助手代替网站和手机应用”。

·31%的调查对象回复“3年内，会使用语音助手代替去实体店”。

·在语音助手的所有功能中，使用信息搜索功能（新闻、天气预报、食谱等）的最多，占82%。购物功能（购买食物、衣服等）占35%。

根据该结果可以预测，今后数年内语音助手有望成为重要的购物渠道。使用语音助手的便捷之处最能体现在以下场景：用户窝在自家沙发上，突然想起需要购买某商品，当即语音下单即可。比如，用户一直打算购买某商品却总忘记购买，某天看到电视里的广告突然想起来，这时当场下单的话第二天或第三天就能送达。针对此类已经决定购买的商品，以及需要重复购买的商品，如果没有相应的 Dash 按钮，语音助手不失为一种方便的下单方式。

数年前智能手机普及之际，有没有建设移动端网站极大影响了销售业绩。与此类似，今后零售商能否针对语音助手做好相应准备，可能直接影响其未来成败。

语音终端——商家的又一威胁

重复购买之外，用户使用语音终端初次购买某商品时，无论是对于消费者还是商家语音设备都算不上理想。不同于在 PC 端网站或手机应用上购物时界面上会显示所有相关商品，用户使用 Amazon Echo 搜索商品时，系统只提供一两种商品供用户选择。

这点非常重要。前文介绍过，亚马逊会向消费者优先推荐其此前购买过的商品，但是对于初次购买某商品时应该按照什么标准进行推荐，亚马逊并未公开其算法。

亚马逊有可能推荐自有品牌“Amazon Basic”中的电池、USB 线等商品，但也未必一定如此。对于商家而言，他们需要想尽办法让自家商品位列推荐商品列表的前两位，否则将无缘消费者的

“耳朵”。

此前，食品类、日用品类商家为让自家商品进入消费者的“眼睛”，花尽心思争取卖场中的显眼位置，今后却变成了想方设法让自家商品通过语音终端进入消费者的“耳朵”。

一种方法是，让消费者主动搜索自家商品。如果用户只是单纯以商品种类进行搜索，推荐结果自然是亚马逊说了算，但如果用户主动以商家的名称或商品名称进行搜索，自然就能搜到自家商品。为此，商家为了让消费者记住自家商品名称或特征，需要加强电视广告或网络广告的投放。也就是说，客户旅程中的“认知”环节将变得更重要。只是，在这种情况下，“信息收集”“比较研究”环节将被省略，直接从“认知”过渡到“购买”，这一点需要大家引起足够重视（图 5–4）。

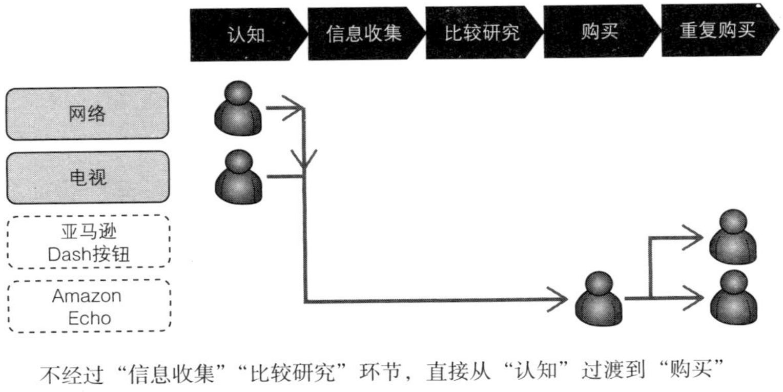

图 5–4　Amazon Echo 改变客户旅程

另一种方法是向亚马逊支付广告费，让亚马逊优先推荐自家商品。只是这第二种方法目前并不可行，因为亚马逊并未提供这种服务。话虽如此，伴随 Amazon Echo 越来越普及，将来商家这种呼声会越来越高，这与当年电视机普及到每家每户后，电视广告的需求量也急剧增加是同一个道理。

针对语音商务崛起，当前商家主要通过开发 Alexa Skill 加以应对，但是作为另一项与开发 Alexa Skill 并行的有效措施，商家正眼巴巴盼着亚马逊尽快打出（收费广告）这张牌。

唯一能与亚马逊抗衡的势力

距离亚马逊在美国推出 Amazon Echo 两年后，谷歌于 2016 年 11 月推出语音助手终端“Google Home”与 Amazon Echo 抗衡。当时 Amazon Echo 售价约 180 美元，谷歌将 Google Home 定价为 129 美元，该定价策略明确传递出谷歌抗衡亚马逊一家独大的意志。

关于这两个商品，人们大多从硬件功能角度比较它们，我们这里看一下隐藏在硬件设备背后的电商布局。

尽管在日本鲜有报道，其实谷歌在美国联手好市多、塔吉特（Target）①、欧迪办公（Office Depot）、Sports Authority② 等大型零售商成立了名为“Google Express”的电商网站。不同于亚马逊，Google Express 上只销售加盟商家的产品，顾客下单后最晚 3 天内（当天

① 译者注：美国大型零售百货集团。
② 译者注：美国体育用品零售商。

至3日内）就能收到，快速配送是其一大卖点。根据规定，只要顾客的消费金额达到各商家自己规定的免费配送标准（25美元，或者35美元）就能享受免运费。考虑到亚马逊依托自身强大的物流能力为Prime会员提供当天免费派送，其他无法在物流上与之匹敌的零售商选择团结起来，联盟不断扩大。

"谷歌运营电商网站"听起来不免让人产生违和感，但是听过谷歌前CEO埃里克·施密特（Eric Emerson Schmidt）下面的这番话后，相信读者就能理解其用意。

很多人认为我们最大的对手是必应（Bing，微软的搜索引擎）、雅虎，其实却是亚马逊。一般人们并不认为亚马逊是搜索引擎，但当大家要买某件商品时，往往选择在亚马逊上寻找。

也就是讲，正因为谷歌视亚马逊为最大竞争对手才成立了"Google Express"，联合亚马逊的其他对手共同牵制亚马逊。

美国市场调查公司Survata针对约2000名美国消费者开展问卷调查，结果显示，在线购物时49%的人首选亚马逊，35.5%的人选择谷歌等搜索引擎，剩下的15.5%选择直接登录各商家网站（图5–5）。

谷歌意在挑战当前美国约半数消费者习惯"在亚马逊上搜索，在亚马逊上购买，由亚马逊配送"的现状，与亚马逊争夺网购入口。为此，谷歌开始涉足电商网站的运营业务，即便规模不及亚马逊，也要搭建起与亚马逊相同的"在谷歌上搜索，在谷歌上购买，由谷歌配送"的商业架构。

2017年8月，谷歌成功联手全球最大零售商沃尔玛，用户可通过“Google Home”语音订购沃尔玛的商品。沃尔玛虽然也在运营自己的电商网站，但却苦于无法支持语音下单，又不能使用“劲敌”的 Amazon Echo，因此转而与谷歌合作。

沃尔玛此举可谓一石二鸟，一方面成功开展了语音商务，另一方面还能保证商品 3 天内送达，基本上亚马逊能做到的自己也能做到了。

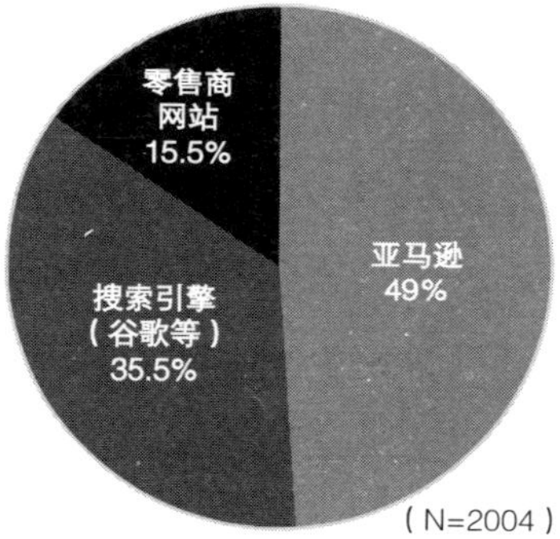

出处：笔者根据 Survata 公司的调查报告制作完成
消费者最先在哪里搜索商品

图 5–5　消费者搜索商品时的首选网站

“Google Shopping Action”让搜索即购买成为现实

为扩大“在亚马逊上搜索，在亚马逊上购买，由亚马逊配送”的市场份额，谷歌 2018 年 3 月面向小型零售商推出了名为“Google Shopping Action”的新项目。

“Google Shopping Action”中的“通用购物车（Universal cart）”

允许用户使用同一个购物车购买不同渠道的商品，意在实现PC、智能手机、Google Home等多种设备的无缝对接，用户无论在哪个设备上进行搜索，加入购物车后“通用购物车”中都会显示，消费者可无缝购买各商家的食品、饮料、日用品等商品。

比如，用户先在谷歌搜索引擎中搜索某商品，搜索结果中会列出各零售商的商品，用户将心仪的商品放入前文介绍过的“Google Express”购物车中。之后，该用户又使用Google Home的语音下单功能将其他商品也放入购物车，此时用户可以将前后两次放进去的商品一起结算，同时收到商品。如此一来，用户能在谷歌世界完成整个购物过程，谷歌此举有效破除了此前“在谷歌上搜索，在亚马逊上购买”的购物模式。

参加此项目的商家还能将自家会员项目与谷歌账户绑定，便于开展“根据每位消费者的购买记录，有针对性地推荐自家商品”等市场营销活动。

早期加入该联盟的Target公司表示，“与普通搜索广告相比，不但转化率提高了，顾客单次购物的商品数量和金额也都有所增长”。

除了通用购物车，“Google Shopping Action”还推出“及时支付（Instant check out）”，用户只需输入一次姓名、地址、银行卡等信息，此后再进行交易便能轻松付款，这对于靠自身力量难以实现此类功能的小型零售商而言意义重大。此外谷歌并不是按照广告点击数量向零售商收费，只有当用户真正购买时零售商才需要向谷歌支付费用，这样的收费方式对小型零售商而言更为有利。

亚马逊崛起使众多小型零售商陷入困境，它们与谷歌利益一致，在当今美国，谷歌联盟是唯一能与亚马逊抗衡的力量。在图书、家电等领域，亚马逊已经掌握绝对优势，其地位很难被撼动。而在食品等更适宜实体店的业务领域，沃尔玛依然掌握支配权，胜败尚未成定局。谷歌联盟今后能依托食品等领域在多大程度上扭转局面？这需要大家持续关注。

沃尔玛的礼宾服务

沃尔玛通过与谷歌联手成功完成了在语音商务领域的布局，此外还推出名为“Jetblack”的新型订阅购物服务。这项服务瞄准的客户群是较富裕的城市双职工家庭中的母亲，提出“Need it.Text it.Get it.”（需要时，用文字写出来，就能买到手）的概念。Jetblack服务实行会员制，会员每年需缴纳50美元的会费。

会员在最初进行会员登记时需要回答一些问题，诸如经常购买的商品（孩子纸尿裤的型号、商品名称、洗衣液品牌）等，此后便能顺畅地购物了。比如需要给孩子购买纸尿裤时，用户迅速发送一条简短的短信“赶快帮我把丽丽（人名）的纸尿裤买回来”就能收到经常购买的那款商品，无须填写详细的商品名称、型号等信息。除了客服系统自动应答外，拥有丰富产品知识的员工有时也会处理短信订单。

用户即便不清楚商品名称叫什么，或者只是偶然看到的商品，发送照片或截屏后，专业工作人员将帮用户查明相应商品（图

5-6)。此外，该服务没有最低购物限制，从日用品到香奈儿手袋，用户可以自由购买。沃尔玛此举可以称得上是“无微不至”的礼宾服务了。

其他品牌、其他零售商的商品也包含在 Jetblack 服务范围内，用户下单后当天或第二天就能送达。不同于亚马逊用纸箱包装，沃尔玛充分考虑到女性难以打开纸箱，扔纸箱时费事等因素，采用了更轻便、可降解的袋子包装商品。万一用户收到商品后感到不满意，只需简单几句把退货的意思写明白即可免费办理退货。

出处：https://www.jetblack.com/

即使不清楚名称是什么，只要发送商品照片，拥有专业知识的工作人员也会为用户找出该商品。

图 5-6　使用沃尔玛的“Jetblack”下单

沃尔玛也有语音下单功能，但对于忙碌的母亲而言，Jetblack 基本不用费事，是最佳选项。只要是以前经常购买的商品，用户只需发送“洗发液”简单几个字，Jetblack 就会参考之前的购物记录自动配送用户中意的商品。此外，Jetblack 还配备有智能推荐功能，用户发送“纸尿裤”时，系统会充分考虑孩子时刻都在成长这一因素，询问“是否考虑购买 L 号？”

截至笔者动笔时，Jetblack 服务还在施行邀请制，只有接到沃尔玛邀请的人才能使用该服务，有意愿尝试该服务的人会被登记在“等候清单（Waiting List）”中。大家可能会觉得每年 50 美元的会员费稍微有点贵，但 Jetblack 服务中很大一部分没有使用机器，而是由人工提供，因此错误很少、非常便捷。反过来讲，这也意味着该服务的运营成本过高，能否成功尚属未知，但沃尔玛已经明确向外界传递出“尽可能简化顾客购物操作”的信息。

狼来了，给我们的时间已经不多了

目前，只有美国有“Google Shopping Action”，日本市场还没推出。2015 年亚马逊在美国市场推出 Amazon Echo，此后迅速普及。不同于美国市场，语音设备能在日本普及到何种程度，大家看法并不一致。

但是，日本国内的“亚马逊死亡指数”型零售企业正在积极推进合作。比如永旺联手软银和雅虎，乐天联手沃尔玛和比酷（BIC CAMERA INC.），7&1 公司[①]（Seven & i Holdings Co., Ltd.）联手

① 译者注：7&1 公司是日本零售业巨头，世界最大的零售集团之一，旗下拥有 7–11 便利店、伊藤洋华堂商场、Denny 酒店等众多知名连锁品牌。

ASKUL[①]。

当前乐天对语音设备的普及仍持观望态度，但它很有可能通过在美国与谷歌有合作关系的沃尔玛与谷歌达成语音商务方面的合作。乐天最大对手是亚马逊，它与亚马逊的关系就像美国沃尔玛与亚马逊的关系。

支持语音下单、及时配送的语音商务尤其适合年长者，有人认为老龄化不断加剧的日本正适宜普及语音商务。语音设备的普及门槛确实很高，但当前已经有人在努力推动，比如 NTTdokomo、KDDI、软银等运营商将语音设备与光线路由器捆绑在一起组合销售，永旺、7&1 等零售商低价出售语音设备。

其实，亚马逊还在美国推出了一款名为“Amazon Dash Wand”的小型设备（图 5–7），这款设备内置 Alexa，它的定位介于 Amazon Dash 按钮和 Amazon Echo 之间。

用户使用 Amazon Dash Wand 购物时，可以用它扫描此前购买过的商品二维码，或者语音下单，对它说出“卫生纸”“草莓”等商品名称，之后商品便能成功添加到购物车。Amazon Dash Wand 还有防止误下单功能，如果用户语音意思不明确，只包含商品名称，此时系统会将订单信息发送至用户手机，用户确认无误后订单方才算正式下单。当然，如果用户的语音信息很明确，比如“Alexa，我要买卫生纸”，系统会当即进行语音确认“价格是 500 日元，确定购买吗？”如果用户回答“是的，购买”就当场完成了下单。

① 译者注：ASKUL 是日本一家销售办公用品的网站。

出处：http://www.amazon.com/Amazon-Dash-Wand-With-Alexa/dp/801MQMJFDK

用户使用它扫描商品二维码，或语音说出商品名称就能将商品加入亚马逊的购物车中，还能像 Amazon Echo 一样播放天气预报、菜谱等。

图 5-7　Amazon Dash Wand

Amazon Dash Wand 有磁性，可以贴在冰箱上面，用来随时购买生活必需品。该设备虽然不大，却支持语音功能，除了不能播放音乐外，基本 Amazon Echo 的功能都有，用户可以用它听天气预报，查菜谱，或者问些普通问题，比如“一大勺相当于几小勺？”

现阶段 Amazon Dash Wand 仅限亚马逊 Prime 会员购买，售价 20 美元。和 Dash 按钮相同，用户首次使用“Amazon Dash Wand”购物时可享受 20 美元的减免优惠，实际相当于免费赠送 Amazon Dash Wand。此外，还赠送 90 天食品类商品免费配送服务“Amazon Fresh”。也就是讲，该设备还充当了引诱用户使用 Amazon Fresh 的“诱饵”。

不难看出，亚马逊正在试图通过各种手段极大降低顾客在亚马逊购物的门槛。当然，并非所有商品都适合 Dash 按钮和语音商务，但那些需要多次重复购买且不需要查询、比较的商品大概会成为 Dash 按钮和语音商务的主要销售对象，因为顾客能更便捷、更省事地进行购物。

正如本章所介绍的，亚马逊目前拥有较明显优势，用户一旦体验到亚马逊的便捷服务便不会轻易离开。等到亚马逊把 Dash 按钮、Amazon Echo 送到消费者手中后就为时已晚了，留给其他企业的时间已经不多。

本章总结

（1）轻松按键即可购买日用品的“Amazon Dash 按钮”和支持语音下单的“Amazon Echo”成为新型购物渠道，为购物过程带来革新。

（2）Dash 按钮的定位主要集中在重复订购消耗品，其要点是，无须多加研究即可购买的商品占大部分。

（3）Dash 按钮上印有商家 logo，这给亚马逊与商家间的关系带来改变。

（4）亚马逊实施三步走战略。首先短期内提升“Amazon Echo”的销量；将设备交到用户手中后，扩大“语音商务”的销售额，增加音乐播放等相关服务创收；进一步销售智慧家居相关设备。

（5）正如当年布局移动端对在线销售产生巨大影响一样，今后各零售商能否在语音助手领域做好准备将可能成为划分企业命运的分水岭。

（6）谷歌已经迎战。谷歌与其他小型零售商联手，推出自己的电商网站，并通过“Google Shopping Action”等项目，实现了在谷歌上从搜索到购买的无缝连接。

（7）沃尔玛一方面与谷歌合作，布局语音商务；另一方面推出新型订阅购物服务“Jetblack”，努力简化顾客的购物过程。

（8）老龄化不断加剧的国家或地区最适宜语音商务的普及和推广，语音设备的普及门槛确实很高，但当前已经有人在努力推动，比如通信运营商将语音设备与光线路由器捆绑在一起组合销售，小型零售商低价出售语音设备等。

Death by Amazon

第 6 章

“最后一公里”之争

不断上涨的配送费

2017 年 10 月，日本最大的快递配送公司“大和运输”提高了个人业务的快递费标准，这是时隔 27 年后的一次调价，本次被迫调价源于人员费用上升。继行业老大大和运输之后，位列行业第二的“佐川急便”和行业第三的“日本邮便”分别表示追随，佐川急便自 2017 年 11 月起提价，日本邮便自 2018 年 3 月起提价。

提价背后是以亚马逊为代表的电商的崛起，智能手机的普及进一步助推线上销售，大量小件商品需要配送服务。就产品销售领域而言，2016 年移动端销售额为 25559 亿日元，市场规模同比增长 28.7%，同年整个 B to C 电商物品销售领域的市场规模是 8 兆 43 亿日元，移动端占比 31.9%（图 6–1）。

结果直接导致快递数量增长，快递配送一线人员疲惫不堪。2016 年快递数量 39.08 亿件，同比增长 4% 以上，刷新历史最高纪录（图 6–2）。其中特别突出的问题是无人接收问题，约两成的快递在配送时无人接收，白白浪费快递员的时间和精力。

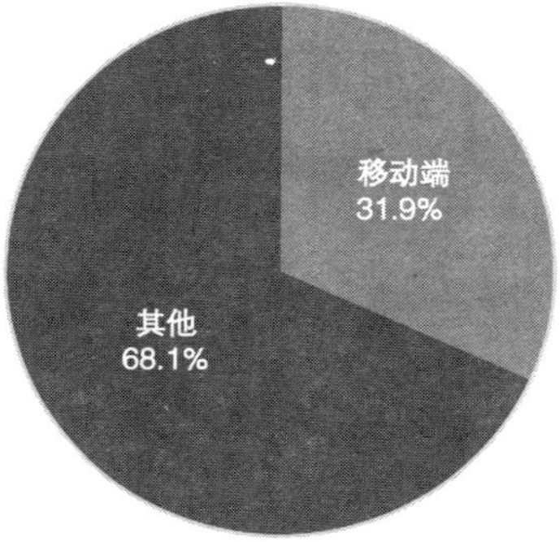

出处：日本经济产业省《2016 年日本数据驱动型社会相关基础设施建设报告书》[①]

图 6–1　移动端销售额在 B to C 电商市场中的份额

驾驶员老龄化和人手不足问题也越来越严重。日本少子化和老龄化不断加剧，人们担心早晚有一天所有行业都将面临人手不足，承担日本国内 90% 物流运输任务的货运行业也不例外。尤其是驾驶员的工资水平普遍低于其他行业，这使问题变得更加严重。日本厚生劳动省的调查结果显示，2015 年“运输、快递行业”的平均工资为 277600 日元 / 月，这在所有行业中基本属于收入最低的。因此，货运行业越发人手不足。

① 日文名称为“平成 28 年度　我が国におけるデータ駆動型社会に係る基盤整備報告書”。

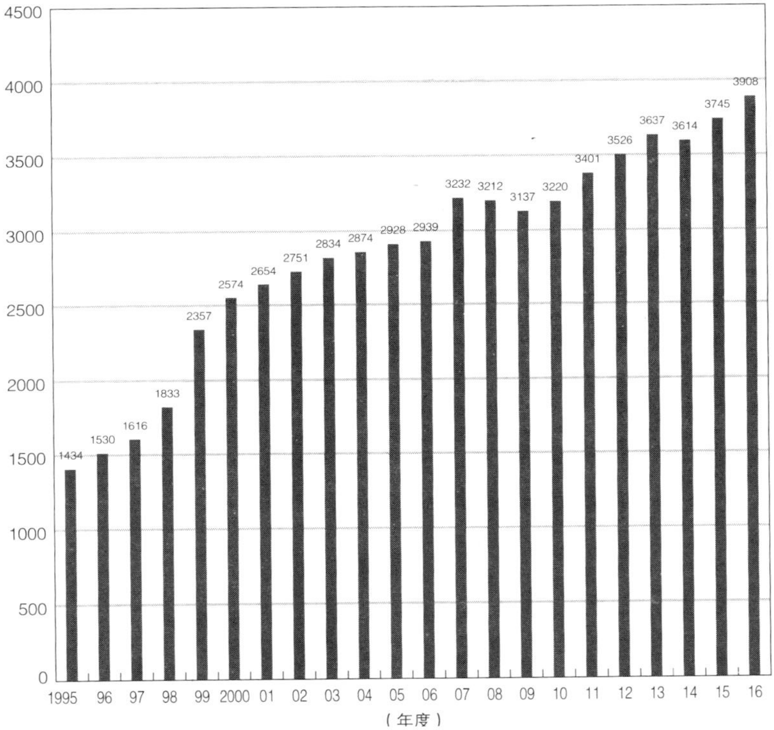

出处：日本国土交通省《2016 年快递业务数量调查及统计方法》[①]

图 6–2　快递业务数量变化图(单位 100 万个)

日本的快递配送业竞争激烈，为给顾客提供无微不至的服务，快递细分为当日送达、预约时间送达、免费派送等多种类型。长期以来支撑快递配送业发展的是驾驶员长时间劳动的常态化和一线员工的紧张疲惫，如今这些问题集体爆发了。

① 日文名称为“平成 28 年度　宅急便等取扱個数の調査及び集計方法”。

“快递箱”是解决无人接收问题的首选

解决问题的第一个方法是在车站、超市、便利店等地安装“快递箱”，供大家接收快递使用。大众，特别是独自生活的公司职员和夫妻双方都工作的家庭对夜间取货存在很大需求，但预约配送业务的服务时间最晚只到晚上9点钟，再晚就没有办法了。如果能在24小时全天候营业的车站、便利店等地安装快递箱，就算时间再晚大家也能拿到自己的快递。

2011年，亚马逊在美国的西雅图、纽约等8座城市推出“亚马逊快递箱（Amazonlocker）”，这也是最早的快递箱。不同于日本，美国没有预约配送、当天再次配送等细致的服务，美国快递员遇到无人接收包裹的情况，往往会把快递放在门口或一楼大厅，因此包裹丢失这种事在美国时有发生。

在这样的背景中，亚马逊的快递箱应运而生。快递箱一般安装在大型购物中心或便利店内，2017年被亚马逊收购的高端超市“全食”店内也能看到快递箱的身影（图6-3）。

消费者在亚马逊上购物时收货地址一栏可以填写快递箱的地址，接收到亚马逊的配送通知后自行前往快递箱取走商品即可。快递箱上有一个像ATM取款机那样的显示屏，用户在显示屏上输入六位数取货码后对应的货箱门将自动打开，用户使用快递箱不用额外支付费用，只需付正常运费即可。当前已经约有2000多处安装了此类快递箱，快递箱不仅能用来接收货物，还可用于办理退货。

照片拍摄于美国圣弗朗西斯科的Soma店。用户可以在这里取亚马逊上购买的商品。

图 6–3　全食超市里边的亚马逊快递箱

日本虽没有亚马逊快递箱，却有其他电商、快递公司安装的快递箱。比如，2014 年 5 月起，乐天在日本各大城市的车站安装了名为“乐天 BOX”的快递箱（图 6–4），供在乐天市场上购物的消费者取货使用。日本邮便 2015 年 4 月也对外推出了安装在邮局里的快递箱“はこぽす”，供用户寄收包裹。该公司为有效解决再次配送难题，还在 2017 年 4 月至 2018 年 3 月期间开展活动，根据规定，用户网购时如选择使用收货箱接收商品可以获得“Ponta 积分”“WAON 积分”“d 积分”“乐天超市积分”“环保行动积分”中的任意一种积分。

出处：https://event.rakuten.co.jp/r-box/

图 6-4　乐天的快递箱“乐天 BOX”

大和运输与法国 Neopost Shipping 公司联合成立合资子公司“Packcity Japan”，2016 年 5 月起，在车站、超市、停车场等地安装开放式快递箱“PUDO Station”。用户在电商网站购物时，收件地址可以填写 PUDO 快递箱地址，商品配送完毕后会收到邮件，在快递箱的触屏上输入邮件中的取货码并手写签名后柜门将自动打开。

PUDO 开放式快递箱之所以叫“开放式”，是因为它并非大和运输专用，佐川急便等所有与 Packcity Japan 公司签署过合作协议的快递公司都能使用，当然用户取件时需要确认快递箱地址。截至 2018 年 2 月，日本关东地区共安装此类快递箱约 2500 台，预计今后数量还将增加。

除车站、便利店外，安装在住宅楼、公寓内的快递箱数量也在增加，2017 年 1 月，日本环境省表示给予“开放式快递箱”资金补贴，整个社会对快递箱的使用热情十分高涨。可以说，人们为解决无人接收问题而提出的快递箱这一对策，已经成功落地。

家中无人，亚马逊怎样把商品送进家

快递箱问世 6 年后的 2017 年 10 月，亚马逊在美国推出“Amazon Key”这一具有划时代意义的新服务，就算家里没人，Amazon Key 服务也能将商品配送到收货人家中。快递员会打开收货人的家门，将商品放下后离开。该服务已在美国 37 座城市推行，仅限亚马逊 Prime 会员使用。使用该服务需要提前配备好亚马逊的智能锁和云摄像头，整套设备共 250 美元左右，用户一次性购买后便可持续使用，后续无须再支付任何费用。具体操作如下：

（1）快递员到达用户家门外，首先扫描商品二维码。

（2）扫描后信息上传到亚马逊后台，后台确认快递员信息和用户地址，确认无误后远程启动云摄像头，开始录像。同时系统向快递员的手机上发送用于开锁的指令。

（3）快递员使用收到的指令打开智能锁，将快递放进用户家中。

（4）配送完毕后，快递员锁门离开。用户会接收到通知。

收货人无须向快递员提供家里的钥匙或任何开锁信息，可以通过手机实时查看快递员配送的全过程，也能事后查看配送时的录像（图 6–5）。亚马逊表示自己对快递员实施严格管理，“只有通过里严格背景审查的正式员工才能进行配送”。但不管怎么说，陌生人进入自己家里总不免让人感到不安。为此，亚马逊还推出了“Amazon Happiness Gurantee”赔偿计划，当收件人家中出现物品损坏等情况时最高可获得 2500 美元的赔偿。

出处：https://www.amazon.com/b?node=17861200011
购买并安装好云摄像头和智能锁后就能在手机上实时查看家里的情况。

图 6–5　Amazon Key 的使用场景

亚马逊的这套智能锁和云摄像头除了可用于配送商品，还有其他用途，比如主人虽然不在家，但可以通过这套系统开门，让亲人或朋友先进去。其实远不止于此，亚马逊真正的目的是将 Amazon Key 与其在 2015 年推出的“亚马逊家庭服务（Amazon

Home Service）”绑定。“亚马逊家庭服务”是个生活服务平台，提供电视安装、保洁卫生、婴儿看护、家具组装等日常家庭服务。与 Amazon Key 绑定后，就算家里没人，用户也能享受到这些日常服务。比如，老家的父母突然联系说要到访，用户此时可以使用 Amazon Key 叫个保洁员，自己在外面工作的同时家里就打扫干净了。比起单纯进门放快递，这类服务会涉及更多客户隐私，到底有多少人会选择使用目前尚属未知。这也是测试顾客对亚马逊信任度的一次绝佳机会。

其实，收货人不在家也能配送这个主意并非亚马逊原创，早在亚马逊推出 Amazon Key 的一个月前沃尔玛已经推出了类似服务，将消费者在网上购买的食物直接配送到其家中的冰箱里。沃尔玛与做智能锁、安全监控的 August Home 公司合作开发了该服务，就服务理念而言，它与 Amazon Key 基本相同。送货员使用一次性密码打开智能锁，进入房间；监控摄像头拍摄室内情况供用户确认。亚马逊和沃尔玛正在该领域展开激烈竞争。

汽车后备箱也能做快递箱使用

家中无人时进屋配送这种想法本身已经足够让人惊异，但亚马逊 2018 年 4 月在美国 37 座城市又进一步推出了“Amazon Key In-Car”，该服务允许收货人使用私家轿车的后备箱或后座接收快递。亚马逊对 Amazon Key In-Car 所适用的商品做了限制规定，比如，商品价格不超过 1300 美元，重量不超过 50 磅，以及对商品尺寸的具体规定。该服务不像 Amazon Key 那样需要安装智能锁和云摄像头。

目前支持 Amazon Key In-Car 功能的汽车包括 2015 年以后发售的通用汽车和沃尔沃部分车型，用户使用 Amazon Key In-Car 前需要开通通用汽车的“NoStar”或沃尔沃汽车的“Volvo On Call”，以便将自己的手机与汽车进行绑定。

其实，此类尝试之前都是汽车企业主导的。沃尔沃联手瑞典最大零售企业和食品网站在 2015 年 11 月推出“In-car Delivery”服务，该服务支持快递员把车主购买的商品配送到汽车里。沃尔沃与快递公司达成合作协议，快递员派件时收到一次性的数字密码用于开锁，将商品派送到收件人的汽车后备箱里。

沃尔沃的“In-car Delivery”跟亚马逊的“Amazon Key In-Car”一样，二者都是“Volvo On Call”中的一项功能，供用户免费使用。沃尔沃与 7 家线上店和快递公司建立了合作关系，汽车后备箱不但可用来接收快递，还能用来办理退货。

除沃尔沃外其他车企也在推出类似服务。戴姆勒旗下的梅赛德斯－奔驰的 smart 部门与德国最大的快递企业 DHL 合作，在 2016 年 7 月推出了“Smart Readyto Drop”，车主可使用 smart 汽车的后备箱接收快递。此外，2017 年 9 月大众汽车联手 DHL 开展测试，将大众 Polo 的后备箱用于接收快递。

此外，日本国内也有报道称丰田汽车在 2018 年中期与大型快递公司合作开展了同类测试。用户仅局限在“住在独立的房子里、有私家车的”特定人群，但比起让陌生人进入没人的家中，把快递放到汽车后备箱更容易被接受。预计用汽车后备箱接收快递这类服务将在日本加速发展。

无人机在短距离配送领域大展身手

作为解决无人接收问题的对策，快递箱、汽车后备箱收货等方法备受瞩目。同时，为解决人手不足问题，人们也在积极探索有效解决“最后一公里”问题的办法。

其中之一便是无人机。最初人们出于军事目的开发出无人机，它是一种能自动飞行的小型无人航空器（UAV），现在无人机的语义有所扩展，也包括能远程操控的飞行器。

一般而言，无人机载重上限在2千克左右，能配送的商品有限。此外无人机还容易受到天气、环境的影响，配送区域、配送时间也依然有限制。但是随着物流量不断增大，交通拥堵成了道路的慢性病，比较而言，高度150米以下的“低空路线”尚未得到开发利用，完全有可能利用低空进行短距离范围内的低成本、快速配送。为此，不但物流行业，比萨外卖行业也对此表现出了浓厚兴趣。

2016年12月，“7–11”美国公司表示自己在内华达州的里诺成功完成77次无人机送货。此次无人机配送由“7–11”美国公司与专门从事无人机配送业务的初创公司“Flirtey”合作开展，向距离便利店1公里范围内的12户人家配送食品、药等商品，从下单到送达全程控制在10分钟以内。

提到无人机配送，一般大家认为亚马逊的“Amazon Air”、谷歌的“Project Wing”处于领先地位，但此次“7-11”成功超过亚马逊和谷歌率先实现无人机配送的落地，成了大家热议的焦点。

虽然晚于“7-11”，亚马逊2016年12月宣布在英国剑桥成功完成了无人机配送测试。测试中，无人机向几公里外的顾客配送了爆米花和“Amazon Air TV”，全程仅用时13分钟。此后的2017年3月，亚马逊又在美国成功开展了无人机配送实验。

日本国内乐天先行

在日本，乐天正积极布局无人机配送业务，2016年4月，乐天对外推出面向消费者的无人机送货业务“空乐”。

同年5月，乐天还在千叶县御宿町的高尔夫球场推出了为期1个月左右的无人机服务。用户在专门的手机应用上下单后，由无人机将用户需要的高尔夫用品、食品、饮料等运送到球场指定收货区，整个过程只有装货环节需要人力操作，起飞、飞行、降落、卸货、返航等环节均由无人机自动完成。该服务中所使用的无人机是全自动机型，由乐天与自动控制系统研究所共同研发而成。无人机上有6片15英寸的螺旋桨，最大载重量约2千克，最远飞行5千米，机上搭载图像识别技术，用来识别着陆标识，在指定区域着陆。此外无人机还配备有GPS系统，有效保证正确起飞和降落。

日本爱媛县今治市是日本政府指定的“国家战略特区”，2016年10月今治市的离岛上开展了一项无人机派件测试，测试用无人机运送物资。所谓“国家战略特区”是指对应的指定区域内实行相对宽松的无人机规定或政策。此次测试的意图就在于解决老龄化背景下岛上居民的购物难问题。

此后的2016年11月，自动控制系统研究所与NTTdokomo合作在日本千叶县共同完成了无人机配送系统测试。千叶县和今治市一样，都是日本政府指定的“国家战略特区”，根据航空法的规定，禁止无人机在人口密集区域飞行，但“国家战略特区”内规定比较宽松。本次测试使用NTTdokomo的LTE网络，在千叶市的稻毛海滨公园向位于40千米外东京世田区的乐天公司内的无人机发出指示，无人机接到指示后自动飞行约700米，成功将用户在手机应用上购买的商品配送至目的地。这次测试意在探索未来无人机长途配送，测试证明“手机下单，无人机配送系统能正常运转”“LTE网络能稳定进行远程控制”。

除商品配送外，乐天也在积极探索将无人机应用于难以进行物流配送的地区，以及紧急情况下使用无人机构筑基础设施。2017年10月末，乐天在日本福岛县南相马市开展测试，测试以“罗森南相马小高店”为据点，将汽车移动销售和无人机配送相结合。受东京电力福岛第一核电站事故影响，南相马小高区曾一度被划进应急避难区域，如今虽然避难指令已经解除，购买日用品、食品对于当地居民而言依然并不便利。因此乐天想到将无人机配送与移动销售车组合在一起，用无人机把商品运送到当地的公民馆。

只是，目前无人机技术尚处于发展阶段，要真正落地必须解决下文中将谈到的法律政策等一系列问题。

无人机配送背后的社会安全隐患

2015年4月，位于东京永田町的首相官邸房顶上降落了一架无人机，最初由工作人员发现。无人机上有一个塑料容器，里面盛着具有微量放射性的铯，当时引起了不小的骚动。操纵无人机的是一名40多岁的男性，后来他被当局以妨碍官邸事务所业务罪逮捕，被判处2年刑期，缓期4年执行。

此次事件后，媒体连日大肆报道无人机的危害，政府也加强了对无人机的管理，出台了“重要建筑物周边原则上禁止无人机飞行”等规定。具体来讲，2015年12月10日新航空法正式实施，以法律形式对无人机做了明文规定。其中的关键点是新航空法明确规定了哪些区域只有获得飞行许可后才能飞，以及对飞行方法做了明文规定（图6–6）。

无人机要在以下区域飞行，需要提前获得地方航空局局长的飞行许可。机场周围；150米以上、可能影响飞机正常飞行的空域；人口、房屋密集地区的上空（无人机坠落后很可能造成人员伤害的空域）。

关于飞行方法，新航空法规定无人机应在白天飞行，应在视线范围内飞行。换句话讲，如果无人机想在夜间或视线范围外飞行则需要获得地方航空局局长的许可。

关于飞行方法的规定

（1） 应该白天（日出至日落期间）飞行。

（2） 无人机应始终控制在视线范围内，飞行过程中，操作员应注视无人机及其周边环境。

（3） 飞行时应与人（操作员以外的其他人员）和物（其他建筑物、汽车等）保持30米以上的距离。

（4） 不能在有大量人员聚集的地方上空飞行。

（5） 不能运送爆炸物等危险物品。

（6） 无人机不能向下投放物品。

需要取得许可方能飞行的空域

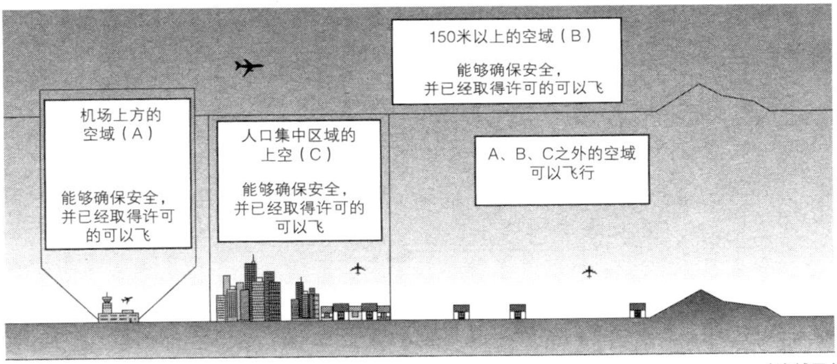

（空域图）

出处：http://www.mlit.go.jp/koku/koku_tk10_000003.html

图6-6 无人航空器的飞行规定及需要许可才能飞行的空域

所谓“视线”指操作员用自己的眼睛注视无人机及其周边情况。允许操作员佩戴眼镜、隐形眼镜、太阳镜，但不能使用望远镜、歌剧眼镜监控无人机，否则属于“视线范围外”。此外，无人机被高楼或树木遮挡也属于视线范围外飞行，需要获得许可，因为这种情况下操作员也是看不见无人机的。因此，现阶段大家在讨论无人机配送时，需要注意避免夜间或视线外飞行。

其实日本经济产业省和国土交通省已经在研究如何放宽政策限制，积极推动“视线范围外”飞行。他们制定机器性能和安全性方面的条件要求，还提出目标，要在2018年放开无人机在偏远岛屿和山地地区进行物品配送的限制，2020年放开城市地区无人机物流配送的限制（表6–1）。

表6–1 小型无人机的飞行级别

级别	实现时间定义（目标）	定义	应用案例
一级	现在	在视线范围内操作飞行	·喷洒农药 ·空中拍摄 ·检查桥梁、电线等基础设施
二级	现在	视线范围内飞行（无操作）	·空中拍照测量 ·检查太阳能电池板等设备
三级	2018年前后	在无人地带，视线范围外飞行（无须辅助人员）	·向偏远的岛屿、山区运送物资 ·调查受灾情况、搜索失踪人员 ·检查大型基础设施 ·河川检测等
四级	2020年前后	在有人地带，视线范围外飞行（无须辅助人员）	·城市物流、城市警备 ·灾后及时救援、避难引导、辅助消防 ·检查城市地区的基础设施

出处：笔者根据日本经济产业省的“针对天空产业革命的路线图”[①]制作完成

当前一级、二级是主流，虽然从技术或制度上来讲，三级、四级并非不能实现，但尚未达到真正应用的程度。

基本各国都是这类状况。美国联邦航空局（FAA）2016年6月对外发布了针对55磅（约25千克）以下小型无人航空器的规定，其中包括：飞行高度在400英尺（约122米）以下时，飞行应在操控者的视线范围内进行；仅限无人机在白天、人员稀少的时间段和地段飞行等。

2016年11月，英国的民间航空局（CAA）与航空管制机构（NATS）共同发布了针对普通消费者和商用者的行为规范“Drone

① 译者注：日语名称为“空の産業革命に向けたロードマップ”。

Code”的修订版。该行为规范中也做出了跟美国一样的规定，（无人机的）飞行高度低于 400 英尺时，操作员要保证无人机处于自己视线范围内。

想用无人机进行几十千米远的长距离配送，需要国家认可无人机在“视线范围外”自动飞行。视线追踪无人机几十千米并不现实，如果规定无人机必须在操作员视线范围内飞行，那无人机的配送距离只能是 1~2 千米。

亚马逊一面积极开展游说活动，试图解除国家对无人机的限制，一面努力开发无人机自动检测其他无人机、建筑物、人等障碍物并自动绕开的技术。如果此类技术足够先进，能替代人类的视线，则有望实现不需要监管机构的许可也能开展视线范围外配送业务。

机器人配送比萨

除无人机外，作为解决商品配送中“最后一公里”难题的新尝试，路上的自动驾驶汽车和送货机器人同样备受瞩目。

在日本，DeNA 与大和运输合作开展的新一代物流开发项目“机器猫大和”[1]成为人们热议的焦点。“机器猫大和”集成了自动驾驶、GPS、最有路线导航等技术，目标是为用户提供个性化配送服务。用户在手机上指定配送地点、配送时间后，“机器猫大和”会按时将物品送到每位用户指定的收货地点。

---

① 译者注：日文名为“ロボネコヤマと”。

2017年4月至2018年3月的一年时间里，该项目在日本的“国家战略特区”神奈川县藤泽市开展测试，测试中使用的是人工驾驶，但项目最终目标是要实现完全自动驾驶（相当于自动驾驶技术中的第4级）。届时，用户将自己打开车门，从车内的物品柜中取走商品。“机器猫大和”使用专门的电动汽车开展配送业务，车内有用于保管物品的物品柜（图6–7）。

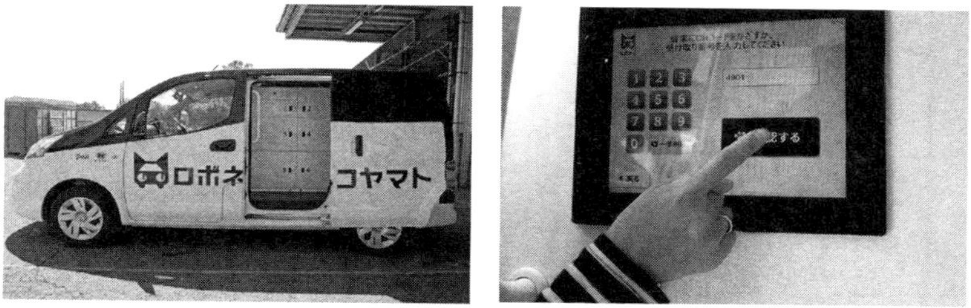

出处：http://www.roboneko-yamato.com/service/

用户在专门的网站上事先指定收货时间和地点，送货车辆到达指定地点后用户自己打开车门，用车内的触摸屏扫描自己手机上的二维码或手动输入取货密码打开物品柜，从中取走自己的物品。

图6–7 “机器猫大和”的专用电动汽车

在其他国家，送货机器人已经自动行走在人行道上，为用户配送商品。Skype的联合创始人在2014年成立初创公司“Starship Technologies”，该公司是最早涉足送货机器人业务的企业，为此而全球闻名。Starship Technologies的送货机器人长约67厘米，宽和高约56厘米，使用电池做动力，能在5千米范围内运送最多20磅（约9千克）的货品。它通过3G与无线网相连，能边检查路线边自动前往送货地。送货机器人还搭载了用于躲避障碍物的软件，能自行避开行人、路障等（图 6–8）。它的最高时速能达到 10 英里（约 16 千米），但一般情况下时速都控制在 4 英里（约 6.4 千米）。

从用户下单到送达，全程一般用时 5~30 分钟，用户能在手机上实时追踪送货机器人的方位。物品送达后，用户需出示下单后收到的取货码完成身份验证。

Starship Technologies 与物流公司“Hermes”、欧洲最大外卖送餐公司“Just Eat”、连锁超市“麦德龙集团（Metro Group）”、做外卖配送业务的初创公司“Pronto”、国营邮政公司“瑞士邮政（Swiss Post）”等合作，分别在英国伦敦、德国、荷兰、瑞士、美国的华盛顿 / 加利福尼亚州 / 弗吉尼亚州等地开展配送测试。与最多只能配送 2 千克物品的无人机相比，送货机器人能运送货物的最大重量是无人机的 4 倍，此外成本低也是它的一大特点。比如 Starship Technologies 与英国物流公司“Hermes”合作开展的测试，配送过程耗时 30 分钟，费用只花了 60 美分。再比如 2017 年 5 月，Starship Technologies 与达美乐比萨在德国汉堡合作开展无人配送测试，取得了圆满成功。

出处：Starship Technologies
搭载有躲避障碍物的软件，能自行避开行人、路障等。

图 6–8　Starship Technologies 的送货机器人

操作员远程实时监控送货机器人，当有人擅自操作机器人或试图抱走它时，机器人会发出警报，警察也会马上赶到。此外，每台机器人上面安装有 9 个摄像头，能拍下接近人员的脸。每台机器人的成本约 2000 美元，Starship Technologies 心里打的算盘是把这些送货机器人卖给快递物流公司等企业。

目前 Starship Technologies 先发制人，已率先抢占商机，如果以后送货机器人业务前景光明，定会有更多初创企业加入该领域。位于美国圣弗朗西斯科的“Marble”“Dispatch”，瑞士的“Teleretail AG”等企业已名声在外，由索尼、英特尔、小松等共同出资的日企“ZMP”也受到大众瞩目。

ZMP 研发的送货机器人“CarriRo Delivery”长 1.3 米，宽 0.75

米，高 1 米左右，重量 90 千克，大小是 Starship Technologies 机器人的 2 倍，最多能运送 100 千克的物品。功能与其他送货机器人类似，使用雷达传感器和摄像头 360 度识别周围环境，最高时速 6 千米，操作员能远程监视、操控机器人的运行情况。

2017 年 7 月，ZMP 对外宣布与寿司外卖公司“银盘”[①] 合作开展机器人配送寿司测试。同年 12 月，ZMP 又与日本邮便合作，在福岛县的南相马市进行了邮件配送测试。

梅赛德斯－奔驰针对“最后一公里”问题提出新方案

送货机器人的移动速度是每小时 6 千米，设想的应用范围在半径 5 千米以内。此外，由于使用电池作为驱动，从现实角度考虑，必然是应用在人口密集的城市住宅区或办公区，以及大学校园等地。

因此，如果想让送货机器人覆盖更广范围，需要出台新举措。当前生产梅赛德斯－奔驰的戴姆勒公司和 Starship Technologies 提出了如下方案：

（1）用大型面包车做“母舰”，里边装载多台送货机器人。用汽车将多台送货机器人从物流中心运送至人口密集的住宅区。

（2）到达后送货机器人被放出，去给各家配送物品。

① 译者注：日语名为“銀のさら”（Gin no Sara Delivery Sushi Service）。

（3）机器人完成配送后返回面包车，等所有机器人都返回后一起运回物流中心。

目前，戴姆勒公司计划将 Starship Technologies 的 8 台送货机器人装进自家的概念车“梅赛德斯 – 奔驰 Vision Van”（图 6–9），其目标是将自己的概念车打造成解决“最后一公里”的利器，从取货、货物空间管理到路线规划，全程实现数字化。预计采用这种“母舰”方式后 1 天内 9 小时能配送 400 件商品，与之前最多配送 180 件相比，配送效率提升了 1 倍多。

出处：戴姆勒
能装在 Starship Technologies 的 8 台送货机器人和货物。

图 6–9　戴姆勒公司的概念车“梅赛德斯 – 奔驰 Vision Van”

除了送货机器人，戴姆勒公司也针对无人机提出了“母舰”方式的配送方案。它与无人机初创公司 Matternet 合作，“Vision Van”的车顶可供无人机起飞和着陆时使用。具体而言，“Vision Van”在距离配送地 1 英里的地方停车，然后让 Matternet 专门开发的 2 台无人机前往配送，可送 2 千克以内的货物。

这种汽车与送货机器人或无人机的组合能有效提升“最后一公里”的配送效率。如前文所述，无人机的配送范围局限在 5 千米以内，无人机只能运送小件物品，因此使用送货机器人或无人机进行远距离配送并不现实。为扩大送货机器人和无人机的覆盖面积而增设物流中心将产生巨大成本，无疑是本末倒置。快递员开车到收件人集中的地区后，送货机器人或无人机负责配送较轻物品，快递员负责配送较重物品，同时行动，能极大提升送货效率。此外，这种方式还有助于缓解交通拥堵，能减少二氧化碳的排放。

戴姆勒同时对 Starship Technologies 和 Matternet 两家公司也有出资，可见其致力于解决“最后一公里”问题的态度是认真的。

关于送货机器人相关法规政策之争

不同于无人机，目前日本没有针对机器人自动行驶的法律规定。2017 年美国弗吉尼亚州出台送货机器人相关法规，此后爱达华州、威斯康星州等地陆续制定了关于送货机器人的法律（表 6–2）。

表 6–2　美国已出台送货机器人相关法规的州

	弗吉尼亚州	爱达华州	威斯康星州	佛罗里达州	俄亥俄州
法案出台时间	2017 年 3 月	2017 年 3 月	2017 年 6 月	2017 年 6 月	2017 年 7 月

续表

	弗吉尼亚州	爱达华州	威斯康星州	佛罗里达州	俄亥俄州
最高时速	10 英里	10 英里	10 英里	10 英里	10 英里
重量限制	50 磅以内	80 磅以内	80 磅以内	80 磅以内	90 磅以内
适用区域	人行道和斑马线	人行道和斑马线	人行道和斑马线	人行道和斑马线	人行道和斑马线
是否需要控制在视线范围内	需要远程监控	需要远程监控	需要远程监控	需要远程监控	需要远程监控

法律主要规定的项目包括速度、重量、适用区域、是否需要控制在视线范围内等。其中规定最高时速 10 英里（约 16.1 千米），最重 50 磅（约 22.7 千克）~ 90 磅（约 40.8 千克），允许机器人使用人行道和斑马线，视线方面不用像无人机那样必须控制在可视范围内，只要能远程监控送货机器人就行。与无人机相比，法律在这方面对机器人的规定相对宽松。但是根据规定，一旦发生特殊状况，要求工作人员必须马上赶到现场，这点需要引起注意。

比较美国各州的规定不难发现，除重量上限略有不同外，各州的内容基本相同。其实坊间流传着这样的说法，称 Starship Technologies 干预了这些规定的制定。之所以这么说，是因为各州规定的重量限制“完美地”将其他公司的产品排除在范围之外，最后只有 Starship Technologies 的送货机器人符合规定。

比如，被视为 Starship Technologies 头号“劲敌”的 Marble 公司，该公司虽未明确公开过其送货机器人的重量数据，但肯定超过 80 磅，基本在各州都不能用。Marble 公司公开表示“重量限制不合理”，对此 Starship Technologies 公司反驳称“（法律这样规定）并非为了排除异己，而是从安全方面考虑算出的数值”。积极推动送货机器人立法的弗吉尼亚州议员也站出来支持 Starship Technologies 公司，表示“（法律规定的）重量不会引发路人的恐惧感”。

当然，并非所有州对送货机器人都这般友好。比如旧金山市在 2017 年 12 月通过的法案规定，送货机器人的适用范围仅限工业区内宽度超过 6 英尺（约 1.8 米）的道路。法案规定同一家公司最多只能拥有 3 台送货机器人，且整个旧金山市的送货机器人不能超过 9 台，机器人的时速应控制在 3 英里（约 4.8 千米）以内。规定如此严格，实际上等于禁止使用送货机器人。

旧金山给出的理由是“人行道是供人行走的，不是用来跑机器人的。机器人以每小时 4 千米的速度行驶，有可能会撞到老人、孩子或残障人士”。确实，旧金山也禁止在人行道上骑自行车和滑滑板，结合这点来看，其对送货机器人的严苛规定也并不难理解。

当前，纽约、芝加哥、洛杉矶等大都市还没有针对送货机器人进行立法，也没开展项目试点或测试。这从侧面表明，当前并不能排除机器人走在人口集中的城市人行道上遭受破坏的可能性。

为此，送货机器人制造商将视线转向企业和大学内部。尽管城市的公共道路上禁止送货机器人通行，但他们希望在企业或大学内部用送货机器人配送食品和咖啡，以此寻求新商机。

"去配送环节"构想

无人机、送货机器人、自动化驾驶汽车，这些配送方式的未来前景很光明，但不得不说它们各有各的优点和缺点，完善相关法律法规也需要花费一定时间，可以说这些构想要实际落地尚需一定时日。

但零售业不可能耐心等待技术慢慢进步、法律逐渐完善，因此他们当前不得不另辟蹊径，考虑别的解决方法。比如与亚马逊展开激烈竞争的全球最大的连锁超市集团沃尔玛2017年6月宣布试点"员工送货（Associate Delivery）"，该项目的对象是沃尔玛公司的员工。该项目提出新构想，让住在顾客附近的自家员工配送商品。沃尔玛员工大多开车上下班，当顾客在线下单后，住在顾客家附近的沃尔玛员工会在下班途中顺便进行配送，这样可以削减"最后一公里"环节的配送成本。沃尔玛员工自愿选择是否加入该配送项目，公司向参与配送的员工支付工资之外的配送费。

但这个方法只是将配送人员从快递公司的快递员换成了沃尔玛自己的员工，实际上依然存在"最后一步"，而这个向消费者配送的最终环节是成本最高的。也就是说，如果不能通过某种方法消除最终配送这一步就不能从根本上解决问题。

针对该问题，沃尔玛率先提出对策。2017年4月，沃尔玛推出"自提折扣（PickupDiscount）"功能，根据规定，顾客线上下单后自己去最近的店里提货可享受相应折扣。沃尔玛对适用该功能的商品做了明确规定，仅限顾客在沃尔玛网站购买标有"适用自提折扣”标识的网上专供商品。沃尔玛解释称，“‘最后一公里’的成本占据配送成本中的大部分，如果能让顾客自行解决该环节就能有效降低物流成本。省下的钱当然应该与顾客共享”。

此外，沃尔玛还针对生鲜食品推出了“Walmart Grocery”，顾客线上下单，提前预约好取货时间，店员在约定时间段将商品送到顾客的车上。顾客无须下车，只要顺路经过一下就能轻松取走线上下单的商品。

前文已经讲过，向顾客配送的最终环节成本最高，如果能省掉该环节就可以有效降低物流成本，还能减轻快递员的负担。积极研究送货机器人等代替人工的配送方式十分重要，但同时逆向思考如何去除配送环节，想办法让顾客自己来店里提货也非常必要。

本章总结

（1）伴随亚马逊等电商的快速扩张，快递数量急剧增加，物流一线压力巨大，其中快递无人接收现象尤为突出，二次配送已成为一项困扰电商和物流的严重问题。

（2）解决无人接收问题的第一项对策是在车站、超市、便利店等地安装快递箱，如今快递箱越来越多。

（3）在美国，亚马逊还推出了进门配送、汽车后备箱或汽车后排座椅配送等服务，配送员能在收件人不在家时进门送快递，或将快递放在收货人的汽车后备箱、后排座椅等地。

（4）人们为解决“最后一公里”难题也在积极研发新型配送方法。美国的“7-11”、亚马逊，日本的乐天等都在积极开展无人机配送测试。

（5）除了无人机，自动驾驶汽车配送、送货机器人也在蓬勃发展，日本的“机器猫大和”、ZMP，美国的 Starship Technologies、Marble、Dispatch 等备受瞩目。

（6）送货机器人的最大送货半径约 5 千米，为进一步扩大配送范围，人们还提出了“母舰”方式，将汽车与送货机器人组合在一起。汽车先将送货机器人运送至消费者集中区域，然后由送货机器人完成向收件人的最终配送。

（7）为从根本上降低“最后一公里”所产生的巨大成本，还需要想办法让顾客自己去店里提货，从而彻底去除配送中的“最后一步”，而非仅用无人机、机器人等代替快递员。具体操作是：顾客在线下单，自行前往实体店提货，并享受相应的折扣优惠。

D e a t h   b y   A m a z o n

第 7 章

不出售，只出租

中小型零售商无力与亚马逊开展价格战，也很难提供本书第5章中所介绍的那些新型配送服务，所以就销售他人商品这种商业模式而言，中小企业在商品种类、价格、配送等各方面均不占优势。想不被亚马逊“灭掉”，最好避免跟它处于同一战场，这是最近的捷径。比如可以开展租赁业务，这样能避免与开展销售业务的亚马逊正面交锋。

最近，抵触“拥有”的人越来越多，年轻人是其中的核心群体。更注重“使用”的共享经济、租赁经济相应受到关注，其中最被看好的是订购租赁。

“订购”是一种连续收费的商业模式，消费者每月支付固定金额后获得相应商品或服务。它并不是什么新商业模式，早前的报纸订阅，现在司空见惯的软件付费、音乐付费、视频付费等都属于“订购”。

主营在线CRM云服务的Salesforce公司成立于1990年，公司成立之初就采用订购租赁模式，如今成绩斐然。因“Photoshop”“Illustrator”等软件产品而广为大家所熟悉的Adobe公司2013年完成全面转型，从此前销售软件包转为对外租赁，取得成功。此外，“Apple Music”“Netflix”等音乐或视频类产品也都是典型的订购租赁模式。

当然“Amazon Prime”也是订购服务，会员每月支付 400 日元（约人民币 24 元）即可不限量地收听“Prime Music”歌曲，观看“Prime Video”视频，享受免邮费等优惠。

订购对象以前是这类无形的东西，最近却逐渐扩展到服装、饰品、化妆品甚至汽车等有形物品。

时尚租赁引领订购租赁发展

以有形物品为对象的订购租赁模式大致可分为两种：一种是“购买”服务，消费者每月支付固定金额后即可持续拥有相应商品；一种是“租赁”服务，消费者并不拥有商品，使用后需归还。

近几年，服装、饰品、手袋等时尚品租赁业务发展红火，该业务最早源自美国，在美国有“Rent the Runway”“Le Tote”等企业。

2009 年成立的 Rent the Runway 主营奢侈品租赁业务，该公司通过线上平台或实体店对外出租深受年轻女性喜爱的知名设计师的服饰作品。Rent the Runway 推出了两款资费服务，“Update”月租费 89 美元，顾客 1 个月内可租借 4 件商品（如果顾客月末归还，下个月还能租借另外 4 件）；“Unlimited”月租费 159 美元，顾客可一次性租借 4 件，不限租用时间（若顾客归还得勤，其实相当于一个月内能租借很多件）。月租费中包含快递费和清洗费。

另外，2012年成立的Le Tote被称为“时尚界的Netflix”[①]，不同于Rent the Runway主营特殊场合服饰，Le Tote主要出租日常服饰，这一点二者显著不同。顾客在Le Tote租借服饰每月需支付59美元，注册时填写喜欢的搭配/单品、穿着场合等，Le Tote将基于这些信息为顾客做筛选，然后由顾客自己最终选择，顾客可以根据自己喜好随意决定最终租借哪些商品。Le Tote每次向顾客寄送3件服装、2件配饰。

顾客收到商品后可以租借3天、3周、3个月，租用时间不限。不管是Rent the Runway还是Le Tote，如果顾客喜欢，租借的服饰都可以按折扣价购买。

日本也有不少此类服务，最具代表性的是air Closet，顾客每月支付9800日元（长期计划），每次能收到3件专业造型师搭配的服装，租用时间不限。若顾客及时归还，每月能借到很多件。月租费里包含清洗费，但不包含快递费，顾客需另外支付快递费（每次约合人民币18元）。

与Le Tote相似，顾客注册air Closet时需要填写三围尺寸、体型特征、喜欢的颜色、想打造成什么风格（活泼的、个性的、温柔的、认真的）等信息，造型师基于这些信息为顾客搭配服装。

造型师搭配的服装多是百货商店里有售的品牌，1件的价格为500~900元。为此，如果顾客只租借1次，按规定也要收取1个月

---

① 译者注：Netflix成立于1997年，是一家在线影片租赁提供商，主要提供DVD并免费递送，总部位于美国加利福尼亚州洛斯盖图。

的租金。此外 air Closet 还为顾客准备了短期计划，规定顾客每月最多可租借 3 件，租用时间不限。

除 air Closet 外，还有同时出租男装和童装、推出 3900 日元（约合人民币 230 元）租借 15 件商品、7900 日元（约合人民币 480 元）租借 30 件商品的“SUSTINA”，主推原创设计服饰、专业造型师搭配服饰的“EDIST.CLOSET”等。

手袋、配饰、衬衫随便租借

原本人们认为，出租这种模式只适合毕业典礼上穿的学士服、成人仪式上穿的礼服等平常用不到，专门购买感觉浪费钱的商品，如今盛行一时的订购型租赁却主要经营日常服饰，从这点来讲订购租赁具有创新性。

除了服装租赁，还有出租其他商品的“CLATHAS”“Sparkle-box”。“CLATHAS”月租费约 410 元，顾客可以不限期、不限量地租借普拉达、爱马仕、路易威登、香奈儿等奢侈品手袋；“Sparklebox”月租费约 150 元，顾客可以不限期地租借耳环、领带等配饰（表 7-1）。

顾客注册“Sparklebox”时需填写自己服装的风格类型、希望租借哪些商品，造型师基于这些信息为顾客从国内外 45 个品牌的 1200 多种商品中挑选最适合的配饰，每次为顾客寄送 3 件，同时附带服装穿搭建议。过程中顾客享受包邮服务，可以多次退还，归还时若顾客同时反馈购物体验就能在下次体会到更满意的服务。此外，若遇到喜欢的商品，会员还能以八折的会员价购买。

租赁客户不仅限于女性，也有面向男性的出租业务。“leap”主要出租男士时尚用品，该公司推出了家庭“休闲计划”和办公室“夹克裤子计划”两种出租方案，造型师每月要为每位会员量身打造穿搭方案。

顾客要在“leap”上租借商品，需适用LINE。顾客进行会员注册时填写尺寸等信息，之后在LINE上与造型师进行沟通，造型师掌握“想要什么样的造型”“在什么场合穿”等信息后为顾客量身制订穿搭方案。

“休闲计划”每次包括3件上衣、1件下衣；“夹克裤子计划”每次包括1件夹克、2件上衣、1件下衣。顾客能在LINE上向造型师咨询，还能直接购买喜欢的商品。

此外，还有出租劳力士、欧米茄等名表的公司。“KARITOKE”推出4款价位不等的出租方案，分别是月租费3980日元（约合人民币240元）的“休闲”系列、6800日元（约合人民币410元）的“标准”系列、9800日元（约合人民币590元）的“高端”系列和1.98万日元（约合人民币1200元）的“奢华”系列。顾客每月可以租借1款商品，不设归还期限。该公司还在大阪、东京开设有实体店，供顾客确认实物。

最奇怪的是也有人出租衬衫，“yclean”是日本首家对外出租衬衫的公司，它每月为每位顾客提供20件衬衫，并负责清洗。该公司面向顾客推出了3款租借方案，月租费分别是8800日元、1.28万日元、2.48万日元，其中1.28万日元系列最受欢迎。顾客选择使用 1.28 万日元的“标准”系列，可以从 10 种衬衫中随意挑选 20 件。

表 7–1　日本主要的订购租赁业务

业务名称	运营公司	开始时间	主要商品	月租费	备注
air Closet	air Closet	2015 年	女性服装（大型时尚购物中心、百货商店在售品牌）	9800 日元 / 月 2.84 万日元 /3 个月	专业造型师帮顾客选择，支持购买，运费 300 日元
SUSTINA	OMNIS	2015 年	女性时尚商品（服装、手袋、配饰等）男装、童装	15 件商品 3900 日元 / 月 30 件商品 7900 日元 / 月	二手商品，商品涵盖女性、男性、儿童用品，包邮
EDIST. CLOSET	EDIST.	2016 年	原创设计礼服（女装）	8300 日元 / 月（3 个月） 7500 日元 / 月（6 个月） 7300 日元 / 月（12 个月）	专业造型师为顾客量身制订穿搭方案，包邮，不支持购买
Mechakari	STRIPE Int’l	2015 年	女性时尚用品（服装、手袋、配饰等）、少量男士用品	5800 日元 / 月（1 次可租用 3 件，1 个月内不限租借数量）	只有新品，有男士用品，归还时运费 380 日元
Laxus	Laxus Tecnology	2015 年	奢侈品手袋（普拉达、爱马仕、路易威登等）	6800 日元 / 月（不限数量）	包邮，无归还期限，保证无损伤
Sparklebox	Sparkle-box	2015 年	配饰（领带、耳环、手镯等）	2500 日元 / 月（每次可借 3 件，每月可借多种）	造型师选择，包邮，无归还期限，可以 8 折 ~2 折的会员价购买

续表

业务名称	运营公司	开始时间	主要商品	月租费	备注
KARITOKE	Clover Lab	2017年	名牌腕表(劳力士、欧米茄等)	标准计划(6800日元/月) 高端计划(9800日元/月) (一次只能租1块,每月可以换)	包邮,无归还期限,出现损伤、污渍等顾客需负责
yclean	NextR	2016年	男士衬衫(日本最大衬衫生产商制造)	标准计划1.28万日元(每月20件衬衫)	包邮,包含清洗费,提供顾客专享

如何在红海中差异化前行

如上所述，2014年左右开始，订购租赁迅速发展，租赁范围从服装扩展到手袋、配饰、腕表等多种商品。当然，其中也有不少企业在激烈竞争中败下阵来，被迫关门，其中包括出租配饰的“Lovein’Box”、出租男士用品的“bemool”、出租领带的“FreshNeck”等。

有观点认为，出租这一形式更适用CD、DVD这类多次使用也不会导致明显折旧的商品，然而时尚类商品显然不属于这类，反复穿着会导致明显的衣服折旧，也会有人介意穿二手的衣服，所以出租时尚用品的生意并不好做。各租赁企业为谋求生存努力想出了造型师搭配、免清洗费、不限归还期限、赠送损伤和污渍保险、支持购买等策略，但很难形成自身独特的优势。

在这样的大环境中，“MECHAKARI”较好地解决了该难题。

“MECHAKARI”的运营企业是STRIPE Int’l，该公司旗下有服装、餐饮等15个品牌，业务遍布国内外。“MECHAKARI最大的特点是出租商品一律都是新品。顾客归还商品后“MECHAKARI先检查商品，若不存在质量问题就拿到名品二手交易平台“ZOZOUSED”上半价出售。“MECHAKARI”还与“ZOZOUSED”开展实时信息共享，“MECHAKARI”的商品信息（商品名称、材质、尺寸、图片等）自动与“ZOZOUSED”的商品信息对接，有效缩短了物流时间，这是很重要的一点（图7-1）。

“MECHAKARI”瞄准互联网一代，主要在移动端开展业务。“MECHAKARI”的品牌常年保持在30种以上，顾客支付月租费约350元后就能从中一次租用3件商品，期间还能归还后重新借，不限次数。如果顾客连续租借超过60天，“MECHAKARI”会直接将商品赠予顾客，这一点也很新颖。

企业想打造区别于竞争对手的特色，另一关键点就是与实体店合作。目前绝大多数时尚用品订购租赁业务都是线上的，企业要增加新用户就需要制造与顾客接触的机会点，让顾客了解自己。

比如前文提到过的air Closet就与知名租房中介“ABLE”合作，在东京的涉谷开设了名为“air Closet × ABLE”的时尚用品出租店。“air Closet × ABLE”店内有专业造型师为顾客定制“专属造型”，还能当场为顾客打造与服装造型相搭配的发型和妆容，此外，里面还有咖啡间，顾客在那里不但能喝到常规的咖啡、红茶等饮品，还能品尝有护肤、抗衰老功效的思慕雪。从这些举措中我们不难看出air Closet对购物体验的重视，也能体会到本书第1章中介绍的线上企业转战实体店的趋势。

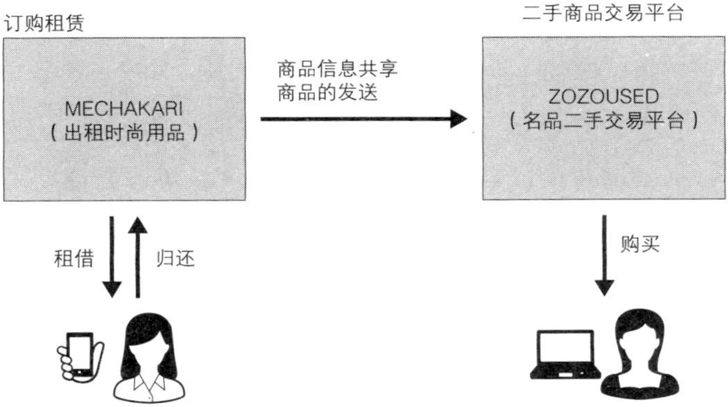

出处：笔者根据 http://prtimes.jp/main/html/rd/p/000000015.000004082.html 网站信息绘制

MECHAKARI 将顾客租借使用过的衣服拿到 ZOZOUSED 网站作为二手商品半价出售；此外“MECHAKARI”还与“ZOZOUSED”开展实时信息共享，“MECHAKARI”的商品信息（商品名称、材质、尺寸、图片等）自动与“ZOZOUSED”的商品信息对接，有效缩短物流时间。

图 7–1　MECHAKARI 与 ZOZOUSED 的关系

订购租赁模式扩展到时尚用品以外的其他商品

当然，旧有的“限时出租”也适用于订购租赁模式。比如，儿童玩具与订购租赁就很搭。人们一般都是根据孩子的年龄段购买适合的玩具，但孩子长得很快，之前买的玩具很快就不适合了，而且有时候父母花心思挑选的玩具孩子却不一定感兴趣。

Green Pinata 是一家成立于 2015 年的美国初创企业，它采用订购租赁形式对外出租适合 5 岁以下婴幼儿玩耍的绿色无害玩具（不含化学成分），月租金 25 美元。Green Pinata 为顾客提供了两种选择玩具的方式，一种是顾客在其网站上自主选择，一种是由 Green Pinata 代顾客进行选择。Green Pinata 与专业育儿专家合作，从好玩儿、益智角度出发，为孩子选择最适合的玩具。此外，该公司还采用了机器学习等分析技术，为每位孩子量身推荐最感兴趣的玩具。

Green Pinata 的顾客每月能收到 4 件玩具，不设归还期限，孩子想玩儿多久就玩儿多久。如果遇到孩子特别喜欢的玩具还能从 Green Pinata 买下来，归还其余几件玩具后还能收到相应数量的新玩具。

日本也有此类玩具租赁公司。Toysub 成立于 2015 年，与 Green Pinata 相同，该公司也对外出租适合不同年龄段的儿童益智玩具。Toysub 的玩具适合 4 岁以下婴幼儿，共有 3 个不同价位的套餐供顾客选择。每 45 天更新一次玩具的“45 天套餐”月租费 3980 日元（约合人民币 240 元），每隔一个月更新一次玩具的“隔月套餐”月租费 2980 日元（约合人民币 180 元），每半年更新一次玩具的“半年套餐”月租费 1580 日元（约合人民币 95 元）。每个套餐内都包含 4~6 件玩具，由专业玩具指导员结合顾客需求、孩子喜好等因素进行挑选。与 Green Pinata 相同，Toysub 上的玩具也支持购买。

汽车领域的订购租赁

以优步（Uber）为代表的汽车共享经济早已成为大众热议话题，如今作为“不拥有汽车”概念的另一表现样态，汽车订购租赁业务也已出现在大众视线之内。

比如美国福特汽车的子公司“Canvas”推出汽车订购租赁服务，使用的车龄 3 年以内的二手车。租用时间不同（1 ~ 12 个月）月租费的标准也不同（50 美元 / 月起），Canvas 综合月租费标准、车型、月行驶里程（每月 500 英里之内免费）计算每月租金。租金里包含车辆维护费、保险费、登记费、援助费等，顾客无须额外其他费用。Canvas 租车服务唯一不足的一点是车型有限，只有福特汽车一种。

在日本，IDOM（Guliver International）运营的“NOREL”受到关注。顾客每月向 NOREL 支付固定金额 1.98 万日元（约合人民币 1200 元），租借的汽车使用满 90 天后可自由更换新车。NOREL 的汽车包括日本国产二手车和外国进口的二手车，共有约 900 种车型供顾客选择。

租金中包含税金、车辆保险费、车检费用，顾客只需自行负担停车费、燃油费、消耗品费用就能开到自己喜欢的车型。这是一种“可短期租借”的服务。IDOM 公司负责缴纳所得税，进行名义变更，变更过程需要耗费一定时间。顾客从申请到拿到车最短需要 24 天，一般而言平均需要 30 天。月平均行驶里程超过 2000 千米需额外支付超里程费，这点需要顾客稍加注意。

不仅限于二手车，如今汽车厂商也加入了订购租赁大军，推出固定月租金型新车出租业务。比如，瑞典的沃尔沃汽车在 2017 年 9 月推出“Care by Volvo”业务，顾客每月支付固定金额后可租用沃尔沃最新车型“XC40”。两年期合约，顾客每月需支付租金 600 美元，其中包含车辆保险、维护费、道路救援费、刹车片等消耗品更换费。

感觉上沃尔沃的租车服务很像苹果公司推出的零首付购机政策。根据苹果公司的规定，消费者可以分期购买最新 iPhone，每月支付固定金额，无须支付预付款。期间如果推出更新机型，顾客可享受自动升级。同样，两年的租赁期内，如沃尔沃推出新车型，租客可更换最新车型。

梅赛德斯－奔驰、宝马（BMW）等也在积极制订订购租赁计划，今后其他车企也很有可能追随其后。

将消费者从“选择困难”中解救出来

至此，笔者介绍了企业为迎合消费心理从“拥有”到“使用”的转变，积极推出各种订购租赁服务，范围涵盖多种商品。其实，之所以会出现订购租赁，原因并不限于消费者心理转变这一项，订购租赁模式的迅速升温背后还有消费者“选择困难”因素在发挥作用。

如今各色商品层出不穷，海量信息遍布网络，社交网站的普及更促使人们进入了信息过剩时代。生活在这样的现代社会，信息的取舍和选择变得尤为困难。

野村综合研究所自 2000 年起每 3 年开展一次“万人生活问卷调查”[①]，调查结果显示，选择“购买商品前先收集各种信息，然后再购买”的受访者（信息收集者）自 2000 年起持续增加，人数在 2009 年达到最高点，占全部受访人数的 35.8%，此后开始减少（图 7–2）。

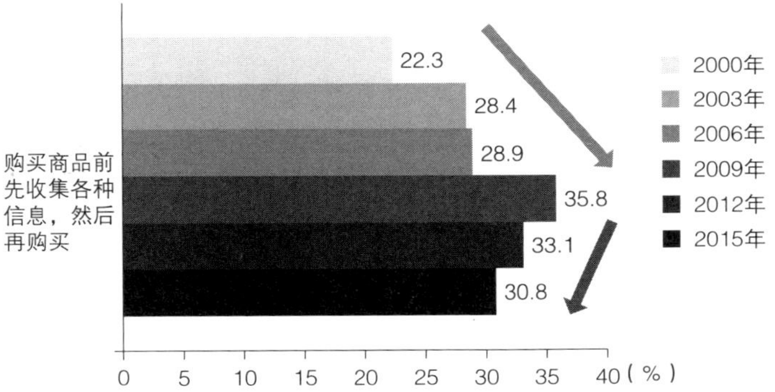

出处：野村综合研究所“万人生活问卷调查”（2000 年、2003 年、2006 年、2009 年、2012 年、2015 年）

回答“购买商品前先收集各种信息，然后再购买”的受访者人数在 2009 年达到最高值 35.8%，此后持续减少。

图 7–2　信息收集者的人数变化

受此倾向影响，在以年轻人为首的人群中，“由专家挑选商品，定期送达顾客手中”类订购租赁服务的知名度和受欢迎程度正在增

① 日文名为“生活者 1 万人アンケート調査”。

加（图 7–3）。

确实，现有订购租赁服务中已经出现了 Le Tote、air Closet、leap 等提供专业造型师选择服务的出租类型，为顾客免去了“选择商品”的烦恼。

订购租赁型服务除了能省掉顾客购买商品时“一次性付全款”“拥有和维护费用”等负担外，更是将顾客从决定购买这一做决策过程中解放了出来。这点对于“选择困难”型顾客而言意义重大。

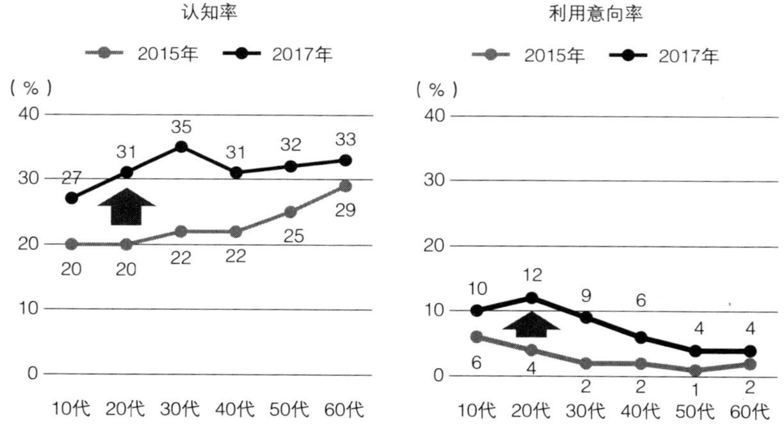

出处：野村综合研究所“万人生活问卷调查”（2015 年、2017 年）

2015—2017 年期间，订购租赁服务的知名度在二十几岁人群中增长 11%，在 30 几岁人群中增长 13%；受欢迎程度在二十几岁人群中增长 8%，在三十几岁人群中增长 7%。

图 7–3 “由专家挑选商品，定期送达顾客手中”类订购租赁服务的知名度和受欢迎程度

比如前文介绍过对外出租奢侈品手袋的“Laxus”，顾客每月向 Laxus 支付 6800 日元就能用上价值 30 万日元左右的奢侈品手袋，对于年轻女性而言，30 万日元是笔不小的数目，很难轻易做出“花 30 万日元购买”的决定；而 6800 日元的决定相对就没那么困难。就算同一款包租用 1 年以上，计算起来，所需费用依然比购买便宜。此外，人们购买某件商品，使用一段时间后可能就不再喜欢了，考虑到这一因素，可以说订购租赁型出租业务更合理。

订购租赁还很好地满足了顾客“购买前想先试用一下”的需求，很多订购型出租服务都支持购买就是出于此目的。顾客选择订购租赁服务，还省去了购买商品前“如果买得不合适怎么办”“如果不喜欢怎么办”等纠结。

订购租赁对企业而言有哪些好处

企业巧妙利用消费者心理，推出“第一个月免费试用”，先将顾客吸引过来，绑定顾客的银行账号。此后，如果顾客不主动解约，商家将自动从顾客银行账号中扣除第二个月租金。用行为经济学解释，“如非必要，（人）不会主动终止现状”，企业正是利用了消费者“维持现状偏差”这一心理。

为此，对订购租赁企业而言，一旦顾客与自己签订租借合约，就意味着后续有望拿到源源不断的持续收入。而就商品“销售”模式而言，好处在于成一单是一单，单笔交易能完成大额销售，然而后续如何却存在很强的不确定性。这是“销售”和“订购租赁”

两种商业模式间很大的一个不同点。

当然，如果消费者想解约也能轻松终止租借关系。一般顾客都是在网上注册，同样也能在网上一键轻松完成解约。这就要求订购租赁企业必须努力取得顾客信任，与顾客建立长期服务关系。

也就是讲，传统“销售”模式开展市场营销受重点考虑“如何有效提升商品的知名度，如何让更多顾客购买，以此获得企业收益”，而订购租赁模式进行市场营销时则应该重视“如何留住顾客，如何让顾客持续消费，以此获得企业收益”。

特别是对于定期向顾客提供新商品的订购租赁服务而言，如果不能一直为顾客提供满意商品，就有顾客流失的危险。为此各公司纷纷致力于数据分析。

比如前文介绍过的 air Closet 将目标定为“培养数据驱动型企业文化”，注意每天保存服装信息、顾客的穿着反馈等海量信息，雇用数据科学家分析数据并结合数据分析结果为顾客提供穿搭方案。

同样也是前文介绍过的 Le Tote 则往前更迈进了一步，该公司除了重视顾客反馈还将顾客的地址信息也纳入分析范畴。Le Tote 分析不同区域的消费者分别青睐哪些商品，结合分析结果制订更具针对性的穿搭方案。该公司在制订方案时还考虑到服装发货后未来 10 天的天气情况，比如，如果未来雨水偏多便在搭配方案中加入防水材质的商品。可以说，如此随机应变，恐怕只有租赁模式才能做到。

商品生产企业在开展订购租赁业务过程中收集的数据信息非常重要，比如时尚用品订购租赁公司一般禁止顾客自行清洗服装或由顾客拿去干洗店清洗，而是由公司安排。订购租赁公司这样做可以有效掌握清洗内容、清洗次数等信息，进而开展“干洗30次后衣服是什么状态”等分析，实时了解自家商品的质量情况。如果是一次性的销售，卖出去就结束了，很难继续掌握到服装的“后续表现”。对于商品生产企业而言，通过开展订购租赁服务可以收集到以前得不到的宝贵数据，这点非常有吸引力。

当然并非所有商品都适合出租，但在不远的未来，企业可能面临着在“销售”之外同时为消费者提供“出租”选项的任务。估计到时候顾客在购物网站上会看到同一商品对应着“购买”和“租借”两个按钮，顾客综合考虑价格、使用时间、有无存放地等因素选择最适合自己的消费方案。

我们不能保证亚马逊会一直静观其变，如果某天你打开亚马逊网站发现里面突然多了一个“租借”按键，其实也不足为奇。

本章总结

（1）想不被亚马逊“灭掉”，最好避免跟他处于同一战场，这是最近的捷径。比如可以开展租赁业务，这样能避免与开展销售业务的亚马逊正面交锋。

（2）最近抵触“拥有”的人越来越多，年轻人是其中的核心群体。以服装、配饰、手袋等时尚用品为代表，各类商品的订购租赁服务不断涌现。

（3）原本人们认为，出租这种模式只适合礼服等平常用不到，买下来感觉浪费钱的商品，如今盛行一时的订购型租赁却将出租范围扩展到西装、手袋、手表、衬衫等日常用品，从这点来讲订购租赁具有创新性。

（4）时尚用品领域的订购租赁竞争激烈，为在竞争中凸显自身特色，有些企业推出了出租新品业务，有些企业开始进军实体店。

（5）除了时尚用品出租，还出现了出租儿童玩具、出租汽车（二手车/新车）等服务。订购租赁之所以受欢迎，一项重要影响因素是消费者的“选择困难”。

（6）订购租赁企业必须努力取得顾客信任，与顾客建立长期服务关系。为此各企业都在热心开展数据研究。

（7）并非所有商品都适合出租，但在不远的未来，企业可能面临着在“销售”之外同时为消费者提供“出租”选项的任务。

Death by Amazon

第 8 章

Amazon Survivor 的战略

至此，笔者介绍了亚马逊不断扩张的战略以及其他企业对抗亚马逊的策略：重视购物体验、发展订购租赁业务。接下来将介绍在亚马逊高压下顽强求生的企业都采取了何种战略。

本书第 1 章中曾提到贝斯波克投资集团创建了“亚马逊死亡指数”，该集团还发布了一项名为“Amazon Survivor”的指数（表 8-1），该指数由不易受到亚马逊影响的企业构成。此外，一些企业原本属于“亚马逊死亡指数”，但它们一边警惕亚马逊的冲击一边顽强谋求发展，最终生存了下来。

本章将分析部分企业如何在亚马逊的高压下完成逆袭，笔者从构成“Amazon Survivor”的企业中选出家得宝（Home Depot）、Estsy、Wayfair、蒂芙尼（Tiffany）4 家公司，此外还介绍了虽属于“亚马逊死亡指数”企业业绩却表现良好的好市多（Costco Wholesale）。

表 8-1　构成“Amazon Survivor”的企业

	企业名称	企业概要
1	CarMax	美国最大的汽车回收、销售公司

续表

	企业名称	企业概要
2	The Children's Place	童装、婴幼儿服装销售公司，全美共有 1000 多家店
3	Etsy	世界最大的在线销售手工制品的网站
4	Home Depot	美国最大的家装、建材连锁店
5	Lithia Motors	美国第四大汽车销售公司，出售商品包含新车和二手车
6	Lumber Liquidators	销售硬木地板的公司，全美共有 375 家店
7	PetMed Express	运营婴儿医药品销售网站
8	RH	以富有人群为对象的高端家具店
9	Tiffany	珠宝品牌，主营珠宝、配饰、手表、银器等
10	Wayfair	运营网站，销售家具、装饰用品及其他家庭用品

出处：笔者绘制

幸存者之一——家得宝（Home Depot）

怎样才不会受到亚马逊的威胁？很早以前美国就在热议此话题，如今在日本相关讨论也越来越多。谈到这个，最先被提到的就是位列"Amazon Survivor"的住宅装饰和建材零售连锁店"家得宝"。

其实，从该公司 2018 年 5 月对外发布的该年第一季度数据中也能看出公司业绩增长的好势头，2018 年第一季度家得宝的纯销售额 249 亿美元，同比增长 4.4%，现有店铺的销售额同比增长 4.2%，纯利润达 24 亿美元。

家得宝的良好增长势头并不仅限于眼下，自 2012 年起，该公司销售额一直在保持增长，2013 年至 2017 年分别实现增长率 5.4%、5.5%、6.4%、6.9%、6.7%（图 8–1），2018 年预计增长率为 6.7%。

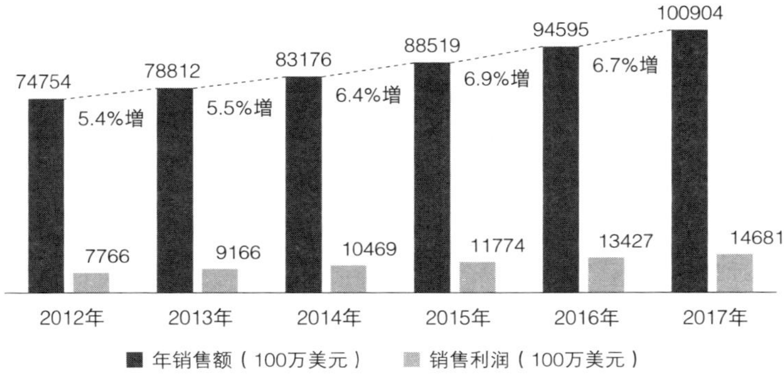

出处：笔者根据家得宝的年度报告绘制

图 8–1　家得宝（Home Depot）的年销售额和销售利润

家得宝之所以能稳步发展主要有三方面原因。第一，将目标客户定位在建筑公司、装修公司等企业，而非普通消费者。店内销售施工时所需的照明灯和各种各样的建筑材料，还开展大批量销售业务，各类专业公司的交易额占到家得宝销售总额的 30% ~ 40%。为满足各类企业需求，家得宝还在 2016 年推出了每隔 2 ~ 4 小时发一次货的配送方案。

第二，重视解决顾客难题。家得宝的 CFO（首席财务官）Carol Tomé 表示，"我们卖的不是商品，而是项目，这与销售易耗品截然不同。当顾客遇到难题时，我们应该帮助他们解决困难。浴室漏水和找到一件适合的毛衣是完全不同的需求"。在这一点上，家得宝 2015 年收购的 Interline 公司作用显著，该公司对外出售维修房屋所需的零部件，还开展住宅检修和维护服务。

第三，积极发展线上业务。2017 年，家得宝的线上销售额约 67 亿美元，同比增长 21.5%，占公司整体销售额的 6.7%。虽然从整体占比来看数字并不大，但从金额来看却是堂堂美国第四大电商（图 8-2）。

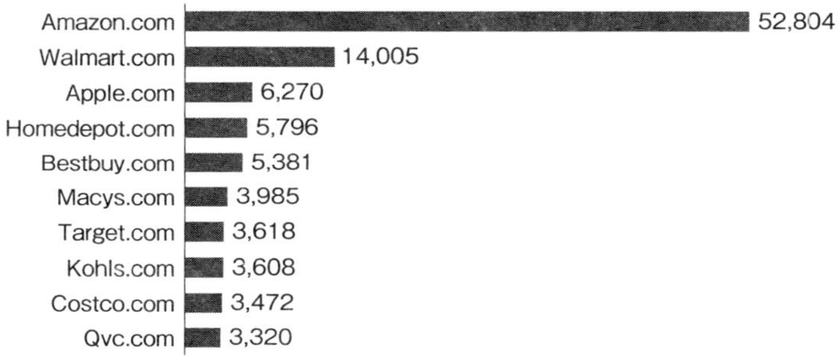

（单位：100 万美元）

出　处：https://www.atatista.com/statistics/646030/top-online-stores-united-states-revenues/

图 8-2　美国电商的销售额排名(2017 年)

手机应用有力推动了该公司电商业务的发展，顾客除了能在手机应用程序里查看商品详情、下单、追踪物流配送情况外，还能使用应用程序里的语音聊天功能，遇到任何问题都能在第一时间进行语音咨询。此外，跟亚马逊、宜家（IKEA）一样，家得宝也引入了 AR 技术，通过 AR 技术逼真呈现房间中摆放冰箱后的样子。此外，2017 年 9 月，家得宝与谷歌达成合作，用户可以在语音设备“Google Home”上购买家得宝的商品。

家得宝还支持顾客在线上下单实体店取货，据说 46% 线上下单的顾客选择去实体店取货。手机应用程序在店内也有大用途，上面可以显示用户所需商品的摆放位置、是否有货等。顾客进店后也很有可能捎带着买点其他商品，此举进一度促进了销售。

“Amazon Survivor”企业之一家得宝积极引进先进科技，将目标客户锁定在亚马逊客户群以外的其他群体，还积极帮助顾客解决难题（修缮房屋等），它的这些举措中有很多值得日本企业借鉴。

幸存者之二——Estsy

Estsy 是全球最大的手工艺品在线网站，主营手工艺品、复古品、工艺材料，目前业务已覆盖全球 200 多个国家和地区。2016 年 Estsy 正式进军日本市场。

Estsy 上不但有来自美国、加拿大、英国等英语圈国家的商品，还有来自以色列、土耳其等中东国家的商品。网站上有 5000 多万件商品，用户可通过颜色、制作者居住地等多种条件检索查找自己满意的商品。

卖家可以在 Estsy 上出售自己设计或制作的手工艺品、复古品（20 年以上的老物件儿）、工艺素材这三类商品。每月零会员费，卖家每次上传商品图片对外销售时只需交 20 美分（约 22 日元）。如果照片在网站上挂了 4 个月以上才销售出去，Estsy 会收取商品价格的 3.5% 作为手续费。

目前 Estsy 已经在全球范围内拥有 200 多万卖家和 3400 万消费者，可支持多种语言。该网站具有自动翻译功能，网站能将卖家用日语登记的商品信息翻译成英语等其他语种。

Estsy 除向卖家收取手续费获得收益外，还通过服务卖家获得收入。如在 Estsy 网站上为卖家做广告，让消费者更容易注意到；与 UPS、联邦快递（FedEx）等快递公司签订批量合同，为卖家提供低价物流服务等。

同样作为电商网站，相较亚马逊 Estsy 的优势在于出售手工艺品这一点，这些富有个性的作品在亚马逊网站上是找不到的。为此，喜欢富有特色商品的人和想通过发布个性照片在照片墙（Instagram）等社交网站上博流量的人非常喜欢 Estsy。

其实，亚马逊在 2015 年 10 月也推出了名为“Handmadeat Amazon”的手工艺品交易网站（并未在日本开展业务），该消息发布之初，曾有投资者分析 Estsy 将沦为“亚马逊死亡指数”成员，但此后该公司的销售额却稳步提升，不但 2016 年实现了盈利（图 8-3），股价还涨了一倍多。可以说“Handmadeat Amazon”基本没对 Estsy 造成冲击。

关于原因，Estsy 的 CEO Josh Silverman 称：“亚马逊在手工艺品领域不能发挥自身大量采购、低价出售、当天送达等传统优势。”也就是说，一直以来亚马逊靠大批量进货（完全相同的商品）压低成本，进而以低价出售获得价格优势。但一件件手工艺品却不适合这种操作方法。此外在手工艺品领域，亚马逊以往在仓库里提前备货，接单后迅速发货的物流优势也发挥不出来，因为一般来讲手工艺品是先接单再生产的。

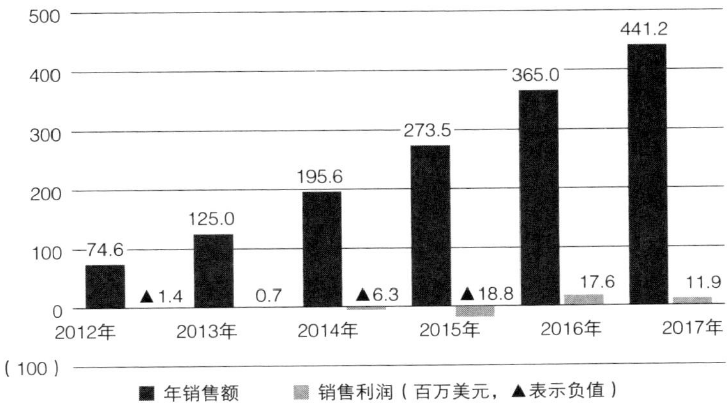

出处：笔者根据 Estsy 公司的年度报告绘制

图 8-3　Estsy 公司年销售额、销售利润变化图

与其他因素相比，作品种类对于手工艺品交易网站而言最为重要。Estsy 上的商品种类达 5000 万件以上，相比之下“Handmadeat Amazon”上只有约 8 万件作品，相差悬殊。可以说，亚马逊与 Estsy 近十年的经验差距在这一点上得到了明确体现。Estsy 面对亚马逊的挑战泰然迎战，成功生存下来的重要原因是它在一块亚马逊不能充分发挥自身优势的战场上与之交战。

幸存者之三——Wayfair

成立于 2002 年的 Wayfair 是一家主营家具、生活杂货等家居用品的电商平台。

它最大的特点是商品品类齐全。Wayfair 网站上有来自上万家供应商的1000多万商品，全球最大的家具零售商宜家约有商品1.1万种，约是它的千分之一，Wayfair品种之齐全可见一斑。

人们在购买图书、日用品这类商品时，一般会提前有个大概目标，但买家具时却不是这样，在没见到商品前一般没有具体想法。因此，商品种类丰富，为顾客提供多种选择这点是Wayfair的重要优势。此外，品类齐全这项优势还能提升“Wayfair”的品牌力，进而为网站吸引更多流量，让人们在网站上停留的时间更长。

为方便顾客从海量商品中快速找到自己想要的商品，除常规文字搜索外Wayfair还推出了图片搜索功能，该功能运用AI（深度学习）技术。顾客在博客、照片墙或其他网站看到感兴趣的东西后可以在Wayfair上用图片查询（图8–4）。当然，用户想在Wayfair网站上查找与某商品相似的商品时也能使用该功能。

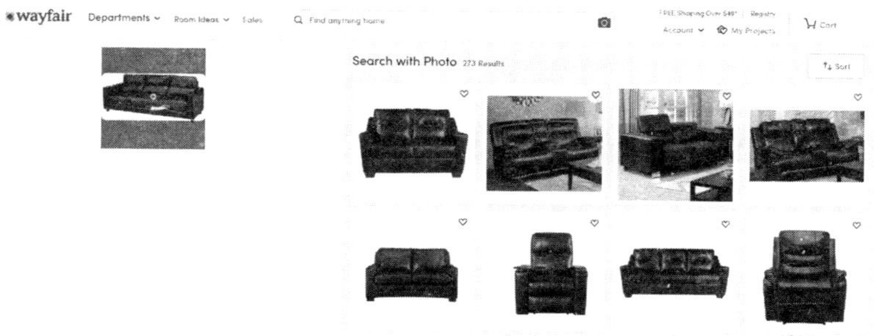

出处：https://www.wayfair.com/

顾客点击搜索框旁边的图片按钮上传照片，网站上就会显示相似商品（左侧为输入的图片，右侧为输出的搜索结果）。

图8–4 Wayfair网站上的图片搜索功能

此外，Wayfair 为提升顾客的购买欲也颇花心思，比如室内装饰设计师会根据客厅、厨房、卧室等不同使用场景制定多种产品搭配方案供顾客参考。

该公司商业战略中最值得一提的是采用“直销”模式（图 8-5），Wayfair 自己只有很小型的物流中心，它在接到顾客订单后会安排供应商直接向顾客发货。这一点与自己拥有大型物流基地的亚马逊非常不一样。

也就是讲，Wayfair 网站的功能只是接收订单，接单后 Wayfair 迅速通知供应商，由供应商负责为顾客发货。供应商每在 Wayfair 上卖掉一件商品，网站收取相应手续费。最近 Wayfair 开始在自己的物流中心存储一些卖得好又不占地方的小型商品，以便及时发货，但大件商品依然由供应商从自己的仓库中发货。这么做的好处在于不用自己备货，坏处是无法保证配送质量。为此，Wayfair 最近也在建造自己的物流中心，试图缩短配送时间。

图 8-5　直销模式图例

不仅是 Wayfair，其他家具电商普遍面临配送成本上涨难题，究其原因，一方面商品本身比较大，另一方面在搬运过程中容易发生破损，若因此经常出现顾客退货现象会严重影响电商收益。为此，家具店都在积极应用新技术，试图通过科技有效减少退货。

其中之一是 AR（增强现实）的应用，Wayfair 在自己的移动端平台推出与亚马逊类似的家具摆放效果 3D 确认功能。一般人们认为很难在网上销售单价很高的家具，但购买前的 3D 效果确认有望提升购买率、减少退货。亚马逊等家具电商纷纷推出此功能，Wayfair 也组建了自己的数据科学家团队，积极研发图片搜索等新功能。

Wayfair 是家具用电商的先行者，早在 2000 年时就已经起步，光这点就抢尽了先机。公司销售额稳步上升，2015 年 22.5 亿美元，2016 年 33.8 亿美元，2017 年 47.2 亿美元。但先行者并不意味着一片光明，Wayfair 的销售额却是在增长，但至今尚未盈利，一直是连续亏损状态（图 8–6）。

亏损的原因包括前文讲到的巨额配送成本，此外 Wayfair 为获取新顾客花费了大量广告费。为此有分析人士称“似乎是赚不到钱”，还有传言称“（Wayfair）会被亚马逊收购”，对于开始涉足家具电商的亚马逊而言，销售额不断扩大的 Wayfair 并不是个坏选项。换作亚马逊的话，很有可能通过高效配送和削减广告费实现盈利。是选择继续作为“Amazon Survivor”企业这样走下去，还是选择被亚马逊收购，可以说 Wayfair 正站在岔路口。

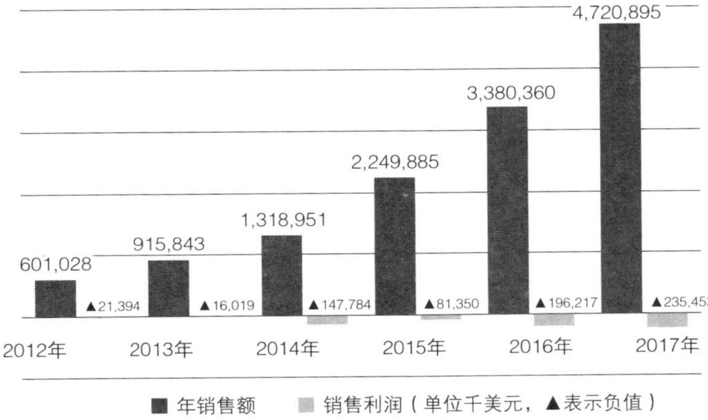

出处：笔者根据 Wayfair 的年度报告制作

图 8-6　Wayfair 的年销售额和销售利润

幸存者之四——蒂芙尼（Tiffany）

因宝石一般美丽柔和的品牌色“蒂芙尼蓝”而闻名的珠宝品牌蒂芙尼在日本非常受欢迎。自 1837 年成立以来，蒂芙尼将蒂芙尼蓝作为自己的标志性颜色广泛应用于礼盒、购物袋。

蒂芙尼公司最近销售业绩持平，但依然是投资界的宠儿，成为“Amazon Survivor”企业之一。原因是蒂芙尼在成立以来的约 180 年中树立了强有力的品牌力，不仅美国，在全球范围内拥趸者众多，构筑了坚实的顾客基础。

为此，就算有人推出了与蒂芙尼一模一样的珠宝品牌而且以更低的价格销售，也不会轻易引发蒂芙尼客户流失。这点是共通的，除蒂芙尼外的苹果、路易威登等拥有强大品牌力的企业无不如此。

当然消费心理也是重要影响因素，在亚马逊这类电商网站上购买昂贵的珠宝饰品总不免让人感觉无趣。顾客在网上无论如何也体验不到从踏进蒂芙尼店里那一刻起就感受到的高级感。顾客结账后手里拎着蒂芙尼购物袋走在街上时高调和愉悦的感受是难以被其他东西替代的。

蒂芙尼在美国有 124 家店实体店（2017 年数据），在美国之外的其他地方有 191 家，每家店的面积都不大。因为成功控制了店面运营成本，2017 年蒂芙尼实体店平均每平方英尺的销售额为 2697 美元，坪率非常高。此外，蒂芙尼的实体店要么是路边店，要么开在购物中心，因此，尽管美国百货商店接连关门，蒂芙尼却基本没受到影响。

蒂芙尼制定方针，今后将吸纳千禧一代（18 ~ 35 岁的年轻群体，将逐渐成为美国人口的主体）成为自己的新顾客群体。该公司如今已经在出售定价较低的时尚珠宝，2016 年，时尚珠宝的销售额占整体销售额的 33%。

但是，如果操作不当，该战略很有可能成为双刃剑，因为旧有顾客群体可能会对年轻人到处转的购物环境感到不满意。如果蒂芙尼不能很好地处理这一问题，此举可能会让它失去旧有顾客群体。如何一面稳固现有顾客群体，一面开拓新顾客群体，成为左右蒂芙尼今后发展的一大难题。

幸存者之五——好市多（Costco Wholesale）

在日本开有 26 家店的好市多是源自美国的大型会员制仓储量贩店，商品高高堆积至屋顶的仓库般店面风格是其一大特点。根据好市多的规定，顾客想进店购物需缴纳会员费（美国每年 60 美元，日本每年 4400 日元），尽管如此，好市多的会员数量每年都在增长，目前好市多在全球约有 9300 万会员（其中收费会员约 5100 万人）。2017 年好市多业绩保持了良好的增长势头，年销售额达 1262 亿美元，同比增长约 8%，利润率也保持在 11% 左右。人们完全感受不到好市多是“亚马逊死亡指数”的成员。

好市多的优势在于其独特的“会员制”商业模式，不同于普通超市，好市多规定顾客只有在办理完会员注册、交过年度会员费后才能走进好市多。走进好市多仓库般的店里，生鲜、加工食品、饮料、日用杂货、家电、办公用品、服装、汽车用品等各色商品应有尽有、门类齐全。其中商品多为批量包装，这是好市多的一大特点。但是每类商品的细分种类不是很多。好市多将会员费用作周转资金，从市面上选择受大众欢迎的优质商品大量低价购入，然后以接近成本的低价卖给顾客。换句话讲，好市多的思路是批量低价购入，批量低价售出。

好市多 2017 年的利润和会员费收入（表 8-2）分别是 41.11 亿美元（约合人民币 276 亿元）和 28.53 亿美元（约合人民币 192 亿元），如果减去会员费收入，好市多一年的销售利润只有 13.4 亿美元（约合人民币 90 亿元）。好市多的成本率高达 89%，从中可以看出它的商品价格确实与成本价相差无几，这对于一般企业而言根本赚不到钱。反过来讲，好市多恰恰是利用如此低廉的价格提高了顾客满意度。在北美，好市多的会员中有90%会选择下一年继续续约，会员解除率非常低。从中能够看出，好市多与顾客之间构筑了一种长期性关系。

表8-2　好市多的收益构成情况（2014—2017年）

单位：亿美元

	2014年	2015年	2016年	2017年
销售额	1102.12	1136.66	1160.73	1261.72
会员费收入	24.28	25.33	26.46	28.53
进货成本	984.58	1010.65	1029.01	1118.82
销售管理费	108.99	114.45	120.68	129.50
销售利润	32.20	36.24	36.72	41.11

出处：笔者根据美国好市多2017年的年度报表绘制

有观点认为，从“会员制”这点来看，好市多与亚马逊的“Prime”构成竞争关系。在美国，很多人同时是好市多和亚马逊的会员，因此这种观点未必正确。只是，使用会员制留住顾客、通过收会员费增加收益这点两家公司是一样的。亚马逊通过为Prime会员提供各项服务来提升顾客满意度，留住顾客。比如会员能免费享受“当日送达”“预约配送时间”等服务，还能在“Prime Video”随便看电影，在“Prime Music”的100多万首歌曲中随便听歌。

好市多热衷于通过低价提升顾客忠诚度。好市多在店旁建造加油站，油价低于附近其他加油站。此外还在美食广场低价（在日本的售价分别是180日元和200日元）出售热狗软饮套餐（饮品可无限续杯）、软冰激凌等口碑良好的快餐。

消费者为了能低价加油而购买好市多的会员，来加油时顺便去好市多店内逛逛，再在美食广场顺便吃点东西。这样一来形成了一个良性闭环。好市多虽是“亚马逊死亡指数”企业，却凭借这种协同效应成功推动了公司业绩持续发展。

column

线上版好市多“Boxed”

好市多也有自己的线上平台，2017 年好市多的线上销售额约为 46 亿美元，单看金额本身非常庞大，但从好市多全部销售额来看线上收入比例并不大，只占 3.6%。与之相对，采用与好市多相同的量贩式商业模式专门从事线上销售的是 2013 年在美国新泽西州成功的 Boxed。

该公司被称为“线上版好市多”，批量销售洗衣液、剃须刀、饼干、矿泉水等日用杂货及食品等商品。Boxed 大量进货，按一打或两打组合在一起出售，因此它能以其他卖家无法比拟的低价对外出售商品。这点与好市多是一样的。

Boxed 不同于好市多的地方是不收取会员费。前文讲过，好市多的会员每年需交纳会员费（美国 60 美元，日本 4400 日元），但 Boxed 免会员费。根据 Boxed 的规定，顾客需自己支付运费，但购物金额超过 50 美元的话可享受包邮服务，全美国所有的州基本都能两日内送达。两日内送达这点与亚马逊的会员快递政策相同。

Boxed 的商业模式有三大优点。第一，通过压缩品类降低进货价。与亚马逊的战略正好相反，Boxed 严格控制每类商品的品种数量，集中大量进货从而拿到更低进货价，然后以低于竞争对手的价格批量出售。通过这种操作，Boxed 单件商品的价格能比以低价著称的亚马逊还便宜。

第二，巧妙控制配送成本。配送费事关电商成败，关键点就是降低配送费，Boxed 会员每次批量购买这一前提保证了平均到每件商品上的配送费的最小化。这点非常重要。

第三，将前两项组合在一起。Boxed 在选择商品种类时就充分考虑到配送成本因素，其选择标准之一是“不选又重又便宜的商品”。要实现配送成本最小化、利润最大化，光选择低价商品还不够，如果商品太重也是不划算的。

Boxed 这些崭新的商业模式受到好评，在日本，Boxed 与永旺联手，受到关注。

怎样才能不被亚马逊灭掉

至此，本书介绍了“Amazon Survivor”中的 4 家企业和“亚马逊死亡指数”中的好市多。这些企业之所以能成功避免受亚马逊冲击，关键在于避免与亚马逊正面交锋，要有与亚马逊不同的地方，让亚马逊不能发挥自身优势。

比如，家得宝避开亚马逊的客户群，将自身价值定位在顾客解决难题，积极谋求不同于亚马逊的发展道路。Estsy 专注于手工艺品网站，成功规避了亚马逊在大量进货、低价销售方面的优势。

Wayfair 的情况与这两家公司稍有不同，它虽然占有先机，但仅凭商品种类丰富这一点难以做长久的支撑，可能会被亚马逊赶超。Wayfair 未来何去何从，是否会被亚马逊收购，这些需要大家持续关注。

此外，蒂芙尼通过强大的品牌力、好市多通过量贩批发模式纷纷找到了自己不同于亚马逊的价值所在。

除已经介绍过的 5 家企业外，还有其他企业找准自身与亚马逊的不同点，成功避开了来自亚马逊的威胁。其中的关键点包括“过硬的产品”“定制化 + 个性化”“细致入微的服务”。接下来我们来看具体案例。

（1）通过“过硬的产品”打开差距

如果企业能开发出富有魅力、吸引人的商品，自然就不会被亚马逊击垮。

比如，被《纽约时报》评为“世界上穿起来最舒服的鞋”、如今在美国非常流行的运动鞋品牌“allbirds”（图 8-7）。allbirds 创立于 2014 年，短时间内成长为非常受欢迎的品牌。该公司 2016 年开始使用羊毛做运动鞋，鞋子超轻、超舒服。

allbirds 产品最大的特点是使用美利奴羊毛、蓖麻油等纯天然材质。据说比起使用合成材料制鞋，这样能节省 60% 的能源。鞋子脏了还能直接用洗衣机清洗，这点很受欢迎。

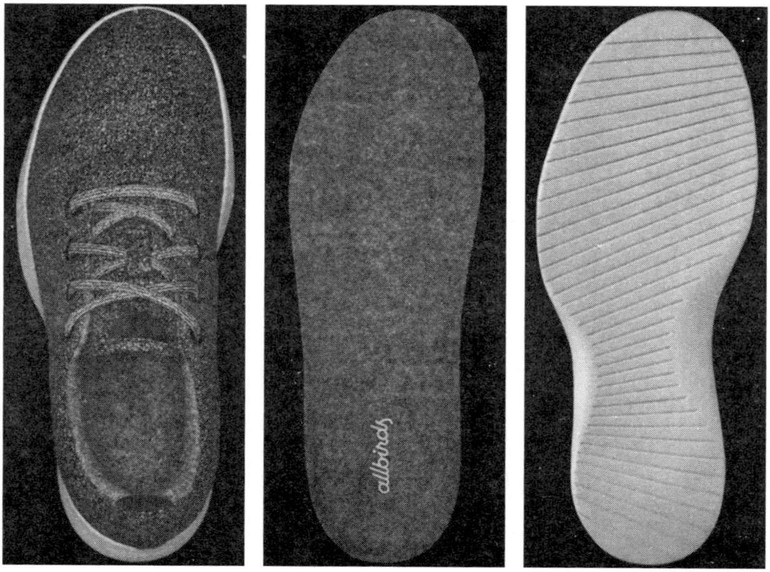

出处：https://www.allbirds.com/products/mens-wool-runners?varian:=22238446727
使用新西兰的超细美利奴羊毛，鞋内侧接触皮肤的部分非常柔软，被称为“世界上穿起来最舒服的鞋”。鞋子超轻，脏了可以直接用洗衣机清洗。

图 8-7　allbirds 的男款运动鞋“Men’s Wool Runners”

allbirds 的鞋在硅谷尤其受欢迎，谷歌的共同创始人 / 前 CEO 拉里·佩奇（Lawrence Edward “Larry” Page）、推特前CEO迪克·科斯特罗（Dick Costolo）、雅虎前 CEO 玛丽莎·梅耶尔（Marissa Ann Mayer）等名人都非常爱穿 allbirds 的鞋。这更提升了 allbirds 的知名度。

另一家企业是专门从事床垫线上销售的 Casper。该公司 2014 年成立于纽约，采用本书第 2 章中介绍的 D2C（Direct to Consumer）

商业模式，广受外界好评，被称为床上用品行业的“破坏者”。

一般来讲，买床上用品时不能贪便宜，而且必须得实际用手摸摸、实际躺在床上感受一下之后才能决定是否购买。为此，Casper公司推出“免费使用100天”政策，解决了这一难题。Casper规定，消费者试用后如果不满意可以退货，但公司的退货率只有个位数。

此外，Casper还同时提供10年保修、包邮等附加服务，成功打消了顾客购物时的心里顾虑，顾客数量不断增加。当然床垫本身很吸引人。Casper的床垫组合运用低密度发泡材料和高密度发泡材料，既保证了“良好的透气性”，又确保人“睡在上面不累”，这是普通床垫不能做到的。此外，普通床垫中使用的有害化学物质Casper一律不用，这点很好迎合了注重环保的千禧一代。

提到过硬的产品，好莱坞女星杰西卡·阿尔芭（Jessica Marie Alba）创建的“THE HONEST COMPANY”也值得一提。杰西卡·阿尔芭既是女演员，同时又是3个孩子的母亲，她年幼时体弱多病，还患有严重的过敏和哮喘。为此，她的公司一概不用有害物质，只使用对人和环境安全无害的材质生产日用品、婴儿用品等，消费者可安心使用。THE HONEST COMPANY的产品非常受欢迎。

这三个实例都说明了一点，自家产品足够有魅力的话，消费者自然会想方设法找出在哪儿能够购买，而不是非得去亚马逊。

（2）定制化＋个性化

如果是根据每位顾客的喜好进行个别定制，亚马逊将无法效仿。如果是高端奢侈品，将更是如此。

高端皮具品牌蔻驰（Coach）为纪念品牌成立75周年，2016年11月在纽约第五大道开设全球旗舰店“Coach House”，顾客能在那里定制自己专属的私人手袋。名为“Made to Order Bar”的定制专区位于Coach House三楼的女士卖场，在这里，顾客可以根据自己的喜好定制蔻驰具有标志性的Rogue系列手袋。蔻驰推出一款手袋供顾客私人定制，顾客可以自己选择颜色、大小、皮质等九项内容，能组合出100多万种新样式。

自2017年10月起，蔻驰在日本东京的银座、新宿、表参道三家旗舰店开启“Coach Create”定制服务，顾客可以定制手袋、钱包等商品。在纽约接受过专业培训的匠人在店内使用数字、恐龙、皮革花、半宝石等元素当着顾客的面现场制作。

蔻驰推出这类定制服务的目的并不仅限于谋求与其他品牌间的差异化，这还是收集数据的重要途径。也就是说，进行定制必然要详细了解每位定制顾客的细化，这比销售成品能收集到更多的数据。收集到的这些数据不仅能帮助企业提供更有针对性的个性化服务，还有助于改善市场营销、供应链等。

此外，2018年5月古驰（GUCCI）新店“GUCCI WOOSTER”在纽约SOHO区开业，顾客可以通过店里的DIY项目定制鞋和手袋。

就定制手袋而言，顾客可以自由选择材质、颜色，还能从古驰设计好的“古驰DIY字母”中选择自己喜欢的字母，顾客选择的字母会被贴在手袋上。此外，古驰还采用AR技术为顾客呈现成品效果。

体育用品制造商也热衷于在成品基础上为顾客打造个性化定制商品。比如耐克很早以前就推出了“NIKEID”，供顾客自己设计签名版运动鞋。2017 年 9 月，耐克位于纽约的“Nike By You Studio”店举办了名为“Nike MakersExperience”的限时活动时，对外公开了一项充满未来感的系统，受邀顾客可以设计自己专属的“世界上独一无二的运动鞋”，且在 1 小时内完成。以前的 NikeID，从设计到制作完成一般需要 3 周至 5 周，相比之下，1 小时内完成具有划时代意义。

（3）无微不至的服务

如果商品本身欠缺差异性，不具有原创性，没有强有力的品牌号召力，就需要通过服务增加商品附加值，以实现与其他商品的差异性。就拿竞争日趋激烈的家具线上销售业务而言（除前文介绍的 Wayfair 外，Target、沃尔玛纷纷涉足家居电商），像图书、日用品那样送到门口了事的做法已经开始行不通了。特别是大型家具，如果不帮顾客搬进客厅或卧室并组装好，顾客就会不满意。

最大的家具连锁销售企业宜家 2017 年 9 月收购杂工介绍中介 TaskRabbit，为顾客介绍帮顾客组装宜家家具的师傅。开始在电商领域发力的沃尔玛也在 2018 年推出家具摆放、组装服务，顾客购物时可以委托沃尔玛帮忙摆放电视（79 美元）、组装家具（59 美元）。

此外，以订购租赁模式对外出租电动牙刷的 Uuip 公司为顾客提供的服务很有意思。该公司每 3 个月为顾客寄送一次新刷头和刷牙粉，此外购买该公司商品的顾客还能在与公司有合作关系的牙医那里定期接受口腔健康检查和洗牙服务。

迄今为止，在围绕牙刷的商业领域内大家都是一次性出售牙刷和刷牙粉，但 quip 却将日常洗护用品的销售、牙医诊疗等全套口腔护理业务纳入自己的业务范围，这点非常新颖（图 8-8）。

要与拥有强大集客能力和价格优势的亚马逊抗衡，仅凭单纯卖东西这点还不够，还应该将各种服务组合起来，为顾客提供更细致、周到的服务。

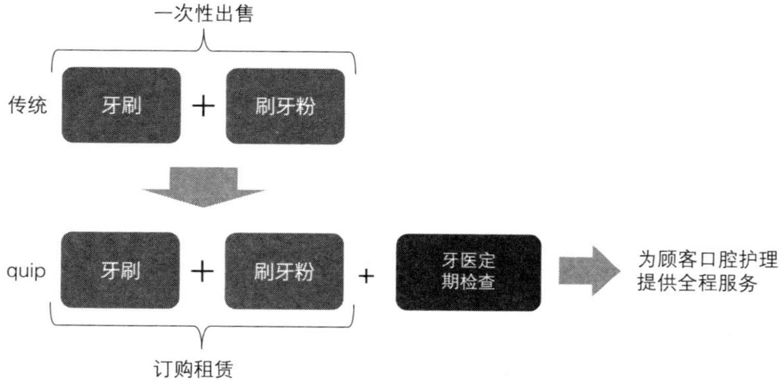

出处：笔者绘制

图 8-8　传统牙刷商业模式和 quip 的商业模式

中国出现力压亚马逊的企业

“亚马逊接下来会涉足哪个行业？”每次一有亚马逊涉足某行业的消息传出，该行业现有企业的股价就会大震动。本书已经多次介绍过，凭借电商构筑了巨大顾客基础的亚马逊拥有超强的影响力。

亚马逊的CEO杰夫·贝佐斯2018年4月18日在惯例的致股东公开信中首次对外披露，“亚马逊的全球Prime会员数已超过1亿”。公开信中未提及具体的各国会员数量，但很多人认为亚马逊在美国国内的会员数在9000万人左右。

也许是人们太在意亚马逊影响力的缘故，人们甚至有这样的感觉：在美国，似乎感觉没有一家企业能做出超越亚马逊的新创意。在这点上，唯一让人感觉到可能性的是中国企业。比如拥有中国最大网上商城天猫（Tmall）的阿里巴巴集团出资成立的“盒马鲜生（Hema Xiansheng）”非常具有革新性，被认为“先于亚马逊”。

阿里巴巴创始人马云提出线上线下融合的“新零售”概念，盒马鲜生就是一家体现此概念的食品超市。2016年1月，首家盒马鲜生在上海开业，截至2018年6月盒马鲜生在上海开店18家、北京10家、深圳4家，在整个中国共计开店52家。

践行线上线下融合的盒马鲜生不管网上还是线下统一使用阿里巴巴旗下的“支付宝”收款，这样一来，不管顾客在哪儿消费，企业都能收集到顾客的购物数据并进行统一管理。

盒马鲜生店内到处都是供人扫码下载APP的二维码，顾客下载盒马鲜生APP后也可以在线上下单。顾客可以像平时购物那样拿着选好的商品到自动收银台用支付宝结账，也可以使用盒马鲜生APP中的扫一扫扫描商品二维码，在线上下单支付。顾客线上购物时，如果收货地址距离盒马鲜生的店铺在3千米以内，可享受30

分钟内送达服务，而且是免运费的，着实令人震惊。

盒马鲜生没有专门的电商仓库，顾客在线下单，店员从实体店里的商品中拣货进行配送。实体店兼做电商仓库，“实体店的商品数量就是电商的库存数据”。

其实当顾客打开盒马鲜生的APP后，程序会通过GPS确定顾客所处位置，然后只显示处于配送范围内的店铺。顾客能买的仅限那家店里的商品，能从APP中确认到的库存数量也只是店铺里的商品数量。

30分钟内送达这点也很新颖。线上接单后线下店员便会紧张行动起来，拣货、打包进专用保温袋，将包裹放到店内的起重机上后物流系统会将通过屋顶上的传输带将包裹运送至后台合流区。之后配送人员将包裹送至顾客家中，在此过程中AI发挥了重要作用，AI通过计算制定出最佳配送路线，以便配送人员能在30分钟内送达。

盒马鲜生店内有肉、鱼、蔬菜、水果、加工食品等多种商品，其中新鲜水产的口碑最好。店内有很多海鲜池，鱼虾贝螃蟹等水产品都是活的。顾客可以购买后拿回家自己烹饪，水产品拿回家时还是活的；或者可以直接交给店里烹饪，盒马鲜生店内设有专门的餐饮区供顾客进餐使用。可以说盒马鲜生为顾客提供了一种现买现吃的独特购物体验。

统一收款方式以便收集顾客数据，线上线下融合的全渠道销售，30分钟内送达和独特的购物体验，盒马鲜生折射出了物流、零售业的未来。

此外，在中国，销售点心、饮料、非处方药、杂货等商品的自动移动式无人便利店也将在不远的将来投入实际应用。跟优步类似，用户在手机应用上指定地点后无人便利店会自动前往，顾客使用手机应用扫描商品二维码后系统会自动从顾客预先绑定的银行卡中扣费。

无人便利店里面既没有售货员也没有驾驶员，它自动往返于各指定地点，货品不足时还能自己前往仓库补货。无人便利店无须充电，店内所需电力均来自太阳能发电。

在日本老龄化和空洞化严重的地区，人们非常关注移动式超市，如果移动式超市能定期前往没有超市和便利店的地方，将有效缓解当地居民的购物难问题。

以前人们讨论物流、零售业的未来时多把目光投向美国企业，但是今后也非常有必要留意中国企业的动态了。

本章总结

（1）提到“Amazon Survivor”人们首先想到家得宝，它的成功原因在于：目标顾客群体不是一般消费者而是企业；重视为顾客解决难题；积极发展线上业务。

（2）Estsy 的优势在于所处领域使亚马逊无法发挥自身优势；Wayfair 则靠品类丰富和先行者利益取胜；蒂芙尼依凭的是其他公司无法模仿的强大品牌力。

（3）好市多虽位列“亚马逊死亡指数”之中，却凭借自己独特的“会员制”连创佳绩，会员费为其公司利润提供保障。

（4）一些企业因为自身与亚马逊间的差异得以生存，它们生存之道的关键点在于“过硬的产品”“定制化 + 个性化”“细致入微的服务”。

（5）比起美国，能战胜亚马逊的企业更有可能出现在中国。

结语

“亚马逊银行”一词被媒体炒得沸沸扬扬，已经在开展支付业务、为中小企业提供贷款的亚马逊将正式进军结算专用账户、保险等金融服务。

此外，2018 年 6 月亚马逊宣布收购网上药店“PillPack”，宣布自己正式涉足医药行业。

仅用 20 年的时间，杰夫·贝佐斯就率领亚马逊发展成了全球最大的电商平台，亚马逊接下来瞄准的目标到底是什么，恐怕没有哪个行业敢断言“与自己无关”。除各行业外，亚马逊的动态对于其他投资者和普通消费者而言也意味无穷。

本书主要围绕物流、零售业介绍了亚马逊的战略及竞争对手的各种举措，有机会的话，笔者还想把其他领域也收纳进来写一写“亚马逊经济圈”的扩张。

最后想在这里向日本经济新闻出版社的赤木裕介先生表示诚挚的谢意，上次出版拙作《大预测：下一代关键技术 2018—2019》

时也受到了赤木裕介先生悉心关照。上本书受篇幅所限割舍了很多重要内容，本书正是在这些内容基础上补充完善后形成的，能够再次得到出版机会，内心无限感谢。

其次，为了赶稿鄙人放弃了黄金周和休息日，而家人一直在这个过程中给予自己支持和鼓励，在此也想对他们道声感谢。

2018 年 8 月

城田真琴

图书在版编目（CIP）数据

亚马逊死亡指数 / (日) 城田真琴 著；刘峥 译. — 北京：东方出版社，2019.6
ISBN 978-7-5207-0942-2

Ⅰ. ①亚… Ⅱ. ①城… ②刘… Ⅲ. ①电子商务—商业企业管理—研究—美国 Ⅳ. ①F737.124.6

中国版本图书馆CIP数据核字（2019）第058626号

亚马逊死亡指数
（YAMAXUN SIWANG ZHISHU）

作　　者：［日］城田真琴
译　　者：刘　峥
责任编辑：刘　峥
出　　版：东方出版社
发　　行：人民东方出版传媒有限公司
地　　址：北京市朝阳区西坝河北里51号
邮　　编：100028
印　　刷：三河市金泰源印务有限公司
版　　次：2019年6月第1版
印　　次：2019年6月第1次印刷
开　　本：880毫米 × 1230毫米　1/32
印　　张：6.75
字　　数：139千字
书　　号：ISBN 978-7-5207-0942-2
定　　价：39.80元
发行电话：（010）85924663　85924644　85924641